FBI 微表情心理学

处处占先机的心理策略

Wei Biao Qing Xin Li Xue

金圣荣◎著

民主与建设出版社
Democracy & Construction Publishing House

图书在版编目（CIP）数据

FBI微表情心理学/金圣荣著.--北京：民主与建设出版社，2016.7（2018.8重印）

ISBN 978-7-5139-1219-8

Ⅰ.①F… Ⅱ.①金… Ⅲ.①表情－心理学－通俗读物 Ⅳ.①B842.6-49

中国版本图书馆CIP数据核字(2016)第173487号

FBI微表情心理学
FBI WEIBIAOQING XINLIXUE

出 版 人：许久文
作　　者：金圣荣
责任编辑：李保华
封面设计：久品轩
出版发行：民主与建设出版社有限责任公司
电　　话：(010)59419778　59417745
社　　址：北京市朝阳区阜通东大街融科望京中心B座601室
邮　　编：100102
印　　刷：固安县保利达印务有限公司
版　　次：2016年10月第1版　2018年8月第5次印刷
开　　本：720×1000mm　1/16
印　　张：13.5
字　　数：159千字
书　　号：ISBN 978-7-5139-1219-8
定　　价：35.00元

注：如有印、装质量问题，请与出版社联系。

前 言

人与人之间需要相互了解，只有相互了解才能和谐相处。同时，在人际交往中，对他人多一些了解，可以帮助人们从他人的言谈话语背后，以及肢体动作中发现对方的真实想法以及性格特征，也有助于人们在交谈中更好地把握主动权。在生活中，人们会发现，很多人由于欠缺察言观色的能力，致使自己在人际交往中常常受挫。

可在人际交往中，一个不懂得察言观色的人，就像不知道风向而盲目操作舵柄驾驶船只一样，不但难以到达目的地，还有翻船的可能，生活中这样的例子可以说比比皆是。也就是说，一个人在与人交往、交流中，如果无法从他人的表情中，发现对方的情绪变化，摸不清对方的性格特征等，就很难知晓对方对自己的谈话内容是否感兴趣、对自己的行为举止是喜欢还是讨厌。不了解这些，就很难获得好的沟通效果，而且，往往还会遭到别人的厌烦。这无疑会对人际交往造成不良影响。如果对他人有所求，这样的交流也必然难以达成所愿。

众所周知，察言观色是指人们透过他人的话语以及姿态表情，对他人

的情绪、性格特征、心理变化等信息，有一个更加深入客观的认识，从而依据自己的判断，做出正确应对的举措。

肢体姿态表情，作为一种沟通语言，其可信度远远大于口语沟通。可以说，伪装语言符号很容易，但伪装身体符号就没那么简单了。人类在社会交往中，是通过面部表情、身体姿态表情、服饰、语调、音色、音量等来帮助自己传递信息的。而肢体表情对人们周围世界的反应是条件式的，是不加考虑的，它是心理应激微反应的一部分，由于来自本能，因而不受思想的控制，难以进行掩饰和伪装。

所以，受到外界的刺激后，立即出现的以微表情为代表的微反应，能够真实再现一个人的内心想法。也就是说，这时所做出的反应是最真实的，因而也是对他人进行了解的最有效线索。

在与他人交往或交流中，很多人喜欢凭直觉去认识他人，这当然有一定的可行性，但也很容易受人蒙蔽。只有能从他人的姿态表情中，对他人的心理变化以及性格特征等做出正确的推理和判断，才算真正掌握了识人的本领。

心理学研究发现，人们在沟通时，有 7% 的有效信息来自于说话的内容，38% 来自于声音，55% 来自于肢体语言，也就是身体的姿态表情。因为有些时候，人们出于某种原因会利用谎言，对自己的一切进行掩饰和伪装，目的是不希望被他人了解。然而，他的肢体姿态表情却会在无形中将他出卖。也就是说，人的情绪变化以及性格特征等信息，总会从一些习以为常的表情和稍纵即逝的微表情中“泄露”出来。人类的微表情往往只持续 1/25 秒，但尽管这样一个无意识的表情瞬间就会消失，也总会被有心人看在眼里，从而读懂它背后隐藏的真实想法。在这方面做得最好的，非美国的 FBI 莫属。为了能攻破犯罪嫌疑人高高搭起的自我保护的堡垒，FBI 探员在对嫌疑人审讯的过程中，会认真观察他的每一个细微表情。因为，从嫌疑人的话语中，根本很难找到有价值的东西，他们会紧紧抓住说话的机会，对自己所犯的罪行进行开脱。可是，由于肢体表情在表达情绪时，往往当事人并不自知，所以只要从嫌疑人身体的姿态表情中发现端倪，就可以找到审讯的突破口，从而为顺利破获案件扫平障碍。为此，FBI 探员在加入这个组织时，就需要接受这方面的训练和考核，而 FBI 的心理分析专家在肢体语言方面的研究也非常著名。从 FBI 所破获的各种案件中可以看出，对犯罪嫌疑人肢体姿态表情的观察，是他们得以让罪犯招供的一个必要途径。

眼睛是一个人心灵的窗口，所以也是最容易“泄密”的。人的快乐、悲伤、愤怒、紧张、恐惧等情绪，都会从眼神中不自觉地流露出来。因而，想要了解他人，首先应从他的眼神中去捕捉，透过眼睛所呈现的种种表情，观察其内心的情绪变化，以了解他的真实意图。

当然，人的肢体各部的姿态表情，都有它传递情绪、体现性格特征等信息的方式，所以，想要全面深入地了解他人，各方面都不能疏于观察。也许正是他的一个眼神，或者一个下意识手势、或者脚部的某个不经意的动作，才让我们捕捉到其泄露的有价值的信息，从而在我们对其了解的过程中，成为帮助我们进行分析和判断的依据。

本书《FBI 微表情心理学》正是从多个方面介绍从肢体语言中识别他人情绪、心理变化及性格特征等信息的方法，其中，有事实、有理论，更有方法。相信大家在阅读时，能从中学到一些识人的技巧，并将其运用到人际交往中。当然，不是读了本书后，就一下子能让你在社会交往中变得游刃有余，有些时候，还需要根据一些客观原因，具体问题具体分析。更重要的是，在观察他人时，要综合各种因素，进行分析和判断，这样得出的结果才能更准确。所以，这也是一个慢慢学习的过程，需要不断地在社会实践中积累经验。

在这个过程中，读一些参考书会让我们更快地掌握认识他人的本领，从而帮助自己真正地认识他人、了解他人。

目 录

第十一章　服饰：FBI 告诉你服饰所表示的个人喜好

第十二章　化妆：FBI 告诉你妆容下的真实面孔

第一章　表情：

FBI 告诉你人的表情有哪些深层涵义

1

面部表情是如何表达出各种情绪的?

表情是人们对他人情绪、情感进行识别的重要线索，是情绪主观体验的外部表现模式。在人际交往中，表情是一种重要的交流工具。人的表情包括面部表情、语言表情和身体姿态表情几个部分。其中，最有效的表情器官是人的面部五官，它主要表现为面部肌肉、鼻子、嘴巴、眼睛和眉毛的变化。

美国心理学家保尔·艾克曼的研究表明，人的面部表情大致可以分为这样几种：惊奇、愤怒、藐视、高兴、悲伤和恐惧。据艾克曼的研究发现，世界上所有的种族，在表达这些情感时的表情都是一致的。

1966 年，艾克曼去了新几内亚。在一个还停留在石器时代的部落中，他将事先准备好的白人照片拿给当地的居民看，尽管这些人生活在与世隔绝的岛上，之前从没见过白人，但对于照片中白人的各种表情，他们都能准确地识别。而且，艾克曼还发现，那些生来就双目失明的人，虽然无法看到他人的面部表情，但依然能用相同的面部表情来表达情感。不言而喻，一个人面部表情的变化，反应了其内心的真实情绪。尽管有些时候，人们出于某种目的，故意做出与内心情绪相反的动作表情，但这种借以掩饰内

心真实想法的动作，往往会被“有心”之人识破。在 FBI 办案过程中，通过微表情来观察嫌疑人是否在说谎是一个不可缺少的部分。FBI 在探员训练过程中，规定学员必须掌握从嫌疑人的动作表情中，洞察他们内心的真实情绪和动机。

同样，在社会交往中，人们也应学会察言观色，具有从他人的表情变化中精准地捕捉其内心真实情绪的能力，这样才能在人际交往中把握主动权。

人类的面部表情都有共同性，不论哪个种族，他们基本情绪的表达方式都大体相同。从事这方面研究的美国心理学家艾克曼指出，人类六种基本情绪的面部表情是这样的：

（1）快乐

感到快乐时，人们的面部会呈现出这样几种表情动作：额头平展，面颊上提，眼睛有微光，嘴角上扬。笑出声音时，眼睛会更加明亮。

（2）惊奇

人在感到惊奇时，会高高挑起双眉，睁大眼睛，而且，嘴部和下颌会自然张开。

（3）愤怒

愤怒时，人往往会眉头紧蹙，眼睛瞪视对方，鼻翼扩张，紧闭双唇或者将嘴张开呈方形。

（4）厌恶

对某人某事感到厌恶时，人们通常紧蹙眉头，眯起眼睛，皱起鼻头，嘴微张，嘴角上拉，牙齿紧闭。如果一侧嘴角翘起似笑非笑，则表明除了厌恶情绪外，还对对方很不屑。

（5）恐惧

人在恐惧时，往往会把眼睛睁大，同时上眼睑上抬，下眼睑紧张，眉头微皱，嘴巴微微张开，口部向后平拉，窄而平。如果非常恐惧时，会出现面部肌肉紧张，双唇紧贴牙齿的情形。

（6）悲伤

人在悲伤时，眉毛额头往往呈下垂状，眼睛亦下塌，口角下拉。

当然，人能做出的表情非常多，远不止这些，人们内心的情绪变化也极其微妙复杂。因此，从表情上识别他人的情绪时，要做到具体情况具体分析。

那么，如何从他人的面部表情中，洞察其内心的真实情绪呢？

人的面部五官中，眉毛、眼睛、鼻子、嘴巴等的不同变化，显示了一个的人不同情绪特征。一般情况下，它们呈现出的不同状态包含着这样几种含义：

眉毛：在与他人交流的过程中，对于眉毛的观察也不可忽视，而在观察眉毛的变化时，要同时注意被观察者的额头，因为二者的表情往往是相连的。

一般情况下，如果对方赞同你的观点，就会舒展他的双眉，并伴有额部肌肉上提的表情；在交流时，当你发现对方的眉头忽然紧蹙，说明你的观点让对方感到意外，或者对方不同意你的观点；如果对方在听你谈话的过程中，一直皱着眉头看别的东西，说明他对你的谈话已经失去了兴致，因此，你要长话短说，尽早结束交谈，以免被对方厌恶。

眼睛：人们说，眼睛是心灵的窗口，它的变化能更为真实地表达内心的情绪。因此，在与他人交流时，一定要注视对方，这不仅可以表示你对

他的尊重，还有利于你观察对方的情绪变化。俗话说，一个巴掌拍不响。在交谈过程中，如果一方真挚、诚恳，而另一方则时不时地露出倦怠的神情，似乎对对方的话题毫无兴趣，那么，这次交谈不可能收到理想的效果。因此，在人际交往中，如果遇到这种情况，应马上找个合适的方式结束谈话。这在上下级之间的交流中尤为重要，如果下级不懂得察言观色，是很难得到上司欣赏的。

鼻子：在面部表情中，鼻子的动作表情相对要少一些，但所表达的情绪也较为明显。

当一个人产生厌恶情绪时，往往会耸起鼻子；愤怒时，鼻孔会张大；紧张时则鼻腔收缩、屏息敛气。另外一个人在遇到困难时，通常会露出用鼻子吹气的表情。

嘴巴：体现嘴部表情的主要是口型变化。一个人在心情快乐时，嘴角就会不自觉地上扬；悲伤时则嘴角下拉；惊讶时会张开嘴巴。一个人撅起嘴巴，则可能说明他内心感受到了委屈；紧闭双唇或紧咬下唇，表明一个人正在苦苦思索，或者正在忍耐某种痛苦等等。

人们的各种情绪，是通过面部表情来表达的。美国学者沃尔夫通过深入研究发现，人的面部在表达情绪时，左右脸的变化是不对称的。一般情况下，面颊的变化由左脸开始，而且左脸的变化比右脸更加强烈。为了证实这一说法，美国宾夕法尼亚大学的心理学家挑选了 86 个性格不同的人，做了一系列相关实验，实验最终证明了“人的面部表情左右不对称，面部表情变化由左脸开始的”论断的正确性。

研究表明，人的大脑分为两个半球——左脑和右脑，它们分别管控人的逻辑思维与感性思维。右脑负责感性思维，具体反映在左脸上；左脑控制理性，反映在右脸上。所以，右侧脸部表情来得慢一些，而且，一般带有伪装、改造色彩。因此，左脸的表情多为真性情，右脸的表情有可能是假表情。

在人际交往中，要留心观察对方的表情，不要忽视任何细微的表情变化，以洞悉对方内心的真正情绪，帮助自己适时调节交流中的状态。

2

语言表情背后隐藏的性格特征

表情作为一种重要的交流工具，不仅可以帮助人们表情达意，更可以帮助人们窥探一个人的性格特征。因此，在人际交往中，为了更快地了解对方，要注意观察他的各种表情，即面部表情、语言表情、身体姿态表情，并从诸多表情中捕捉其性格特征。

一般情况下，根据不同表情的使用频率，就能够大致获悉一个人的性格特征。

一、说话的表情与性格

（1）说话时习惯做出各种手势的人。一般情况下，如果他是男性，可能表明其性格比较骄傲自负，很少能听得进去不同的意见；如果女性在说话时常做出各种手势，说明她是一个个性活泼的人。

（2）靠着桌子说话的人。这类人大多个性保守，对于新的事物不会很快就接受，但他们往往会热衷某件事情。有烦恼时，也通常会用胡乱涂鸦的方式来平复内心的焦躁。

（3）在说话时喜欢摸头或玩弄头发的人。这类人一般属于性情随和之人，他们都比较会体贴他人，而且个性比较正直，不喜欢贪便宜，也很少做伤害他人的事。

（4）说话时习惯将手插入口袋的人。这类人非常自信，而且好恶分明，对喜欢的人真诚热心相待，对不喜欢的人几乎不予理睬。不过，这类人的某些行为会给人以装腔作势之感。

（5）说话时眼睛瞪着他人的人。这类人通常比较神经质，而且气度小。另外，这类人欠缺耐力，行为不够沉稳，因此在做事时容易半途而废。

（6）自己说话自己点头的人。这类人也是非常自信的，而且十分固执。他们虽然具有积极的行动力，能在做事时一鼓作气，但往往不喜欢采纳他人的意见。这跟时常夸赞自己口头表达的人有着同样的个性。

不只从一个人在说话时的动作表情中，能大概了解其性格特征，同时，根据一个人在听别人说话时的表情，也同样可以了解其性格特征。

（1）微笑着看对方说话的人。在人际交往中，可以经常看到这样的人，他们总是静静地听别人说话，而且一直微笑着面对谈话者。对于这种情形，不可以简单地断定他对对方的观点持相同意见，也就是说，他的微笑也许只是一种掩饰内心最得体的方法。因此，这类人性格内敛，做事不露锋芒，不喜欢将自己内心的真实想法告知与人，喜怒不形于色，为人小心谨慎。因此，不论面对怎样复杂的人际关系，他们都能应付得当。

（2）听人讲话时皱着眉头的人。有些人在听别人说话时，习惯皱着眉头，也很少发表自己的意见。这并不是说他们对他人的见解有不同的想法，而是他们正在认真聆听对方，并对此深入思考。这是一类具有批判性格的人，对于他人的观点，总想给出不同的意见。

（3）听人说话时总是咬嘴唇和吐舌头的人。这类人多属于心无城府、喜怒形于色的性格，他们很容易将自己内心真实的情绪表露出来。因此，

在交流中，如果发现对方做出这种表情，说明他对你所说的内容兴趣不大，或者他想要发表自己的看法，只是还没找到合适开口的方式。

（4）听人说话时，做出眼睛向下看、嘴角下垂表情的人。心理学家莫里斯认为，如果一个人在听他人说话时，眼睛向下看，嘴角下垂，意味着他想保持自己的权威和尊严。如果眼睛眯成一条缝，可能说明他很疲倦了，所以说话的人就该结束自己的话语，或者换一个话题。

二、语言的声调与性格

语言是表达情感的最直接方式，人们在用语言表情达意时，会伴有恰当的声调，如不同的语速、节奏、声音强度等。心理学研究认为，语言声调的不同特点，可以透露一个人的性格特征：

（1）声音沙哑：说话声音沙哑的人通常有比较强烈的个性，而且极具创意。

（2）平板的声音：说话声音具有这类特点的人，往往比较冷漠、呆滞。

（3）说话结巴（排除口吃）：有些人说起话来总是结结巴巴，语无伦次，这类人大都缺乏自信，或者言不由衷。

（4）说话语速快：这类人大都比较热心，重义气，而且也是一个行动派人物，做事和说话一样快。对于烦恼的事忘记得也特别快，属于乐天派。

（5）说话嗲声嗲气：通常只有女性会这样说话。这类女性害怕孤单，喜欢享受热闹的感觉，而且大都具有很强的社交能力，能说会道。不过这类人的依赖性也比较强，遇到麻烦时，总想要他人帮忙。

（6）说话声音沉稳温和。这类人非常有主见，很少接纳别人的意见，而且习惯压抑自己的情绪，给人自立自强的感觉。

（7）说话声音洪亮：这类人大都开朗自信，而且精力充沛，有着较强的意志力，不容易被困难吓倒，因此，很容易获得成功。

（8）讲话慢条斯理：这类人在讲话时会考虑自己的言语或表达方式，给人一种心理成熟的感觉。事实也是这样，一般情况下，他们在面对问题时，能沉得住气，不会鲁莽和急躁。这类人不喜欢事事问别人，他们有自己的主见，而且头脑极为冷静。在面对这类人时，不要试图去说服他们，因为没有人能轻易改变他的想法。

（9）声音高亢尖锐：这类人大都十分固执，情绪变化不定，经常会因为一点小事而大发脾气。他们喜欢与人争辩，有些时候，却对自己说的话不能负责，这类人大都比较神经质。如果男性说话声音高亢，表明其个性比较狂热，容易兴奋也容易疲倦。

综上所述，说话的声调往往可以反映出一个人的情绪变化，而一个人的情绪变化与其性格有着密切关系。所以，FBI 在审问犯人的过程中，总能从一个人说话的声音、语调和语速中发现对方的情绪状态以及性格特征，然后找到突破口，击垮嫌犯的心理防线，最终该案件得以破获。

由于每个人的生长环境和教育水平不同，所呈现出的语言表情也各不相同，而这些习惯表情所反映出来的个人性格也各有不同。因而，在与人交流时，如果留意观察对方，就可以从语言表情中看出他的性格，从而更好地了解他的内心状态。

3

从身体姿态表情透视一个人的心理状态

FBI 心理学专家指出，作为人体非语言行为的身体语言，它和声音语言一样，也是表情达意的一种方式。只是有时候，人们会自觉或不自觉地忽略它，这会让人丢掉很多读懂他人心理状态的机会。因此，想要了解一个人的性格、情绪状态等，就一定要细心观察对方的身体姿态表情。

人的身体姿态表情非常丰富，这些表情会自发或有意识地将一个人的情感状态、性格特征等表达出来。比如，通过一个人的站姿和坐姿，就可以对其性格特征和心理状态有所了解。根据心理学研究发现，不同的坐姿习惯代表着不同的性格特征。

（1）正襟危坐：具有这种身体姿态习惯的人，通常做事时追求完美。他们办事周密，讲究实际，不喜欢冒险，往往只做有把握的事情，缺乏创新精神和灵活性。

（2）习惯侧着身子坐在椅子上：这类人往往不拘小节，属于感情外露型。在做事时，一般不会太在意他人的看法，更注重自我感受。

（3）习惯摊开手脚而坐：这类人通常性格外向，不拘小节，具有支配性人格，喜欢管理一切，因此，给人不知天高地厚的感觉。

（4）蜷缩身体，将手夹在大腿中而坐：这类人有着较强的自卑感，对任何事情都缺乏一定的自信，不过，他们比较谦虚，属于服从型性格。

（5）坐着时，将一只脚别在另一条腿的后面：这类人大多比较害羞、扭捏，胆子相对比较小，而且属于自信心不足的人。

（6）脚踝交叉而坐：男人采取这种坐姿时，往往还会将手握成拳头放在自己的膝盖上，或者两只手抓紧椅子的扶手；若女性坐着时，摆出这样的姿态，双手也会自然地放在膝盖上，或者两手交叠。心理学家根据大量实验研究发现，当一个人采取这种坐姿时，意味着他们在控制自己的感情和情绪，使之不流露出来，这是一种表示警惕和防范的身体表情。

（7）坐下时将椅背面向自己：一个人采取这种坐姿时，表明他可能面临着来自他人的语言威胁，或对对方说的话感到厌烦，或想用这种坐姿压下别人的优势，这是一种防护行为。习惯这种坐姿的人，具有唯我独尊的个性。

（8）在他人面前猛然而坐：这类人留给他人的印象是随随便便、不拘小节，然而事实上，他们这样的身体表情，往往表明其内心隐藏着某种不安，或者不想将心事透露给他人，所以采取这种方式以掩饰自己的抑制心理。

（9）坐着时不停抖动双腿：这类人的性格比较优柔寡断，做事瞻前顾后。但做事时，并不是一个偷懒的人，会尽心尽力地将其做好。

（10）深坐且大开两脚：这类人大都喜欢社交，而且乐于帮助他人。不过，这类人虽然看上去比较容易接近，实际上并不容易让人对其有深刻的了解。因此，与这类人相处时，感觉会时好时坏。而且，这类人不太会拒绝他人，他们往往因碍于情面而不得不答应他人的请求。

（11）习惯将右脚放于左脚上：这类人的内心通常比较敏感，过于紧张，会时时注意周围的人，以确保自己当下所处的环境是安全的。

（12）习惯将左脚放于右腿之上：这类人大多属于慎重派，具有比较丰富的常识。对于善举，他们愿意努力为之。另外，对于他人提出的不同意见，能够虚心接纳，并能积极地创新工作。时常采用这种坐姿，会慢慢地让人变得积极主动起来。

另外，从坐姿方向也可以看出一个人的性格特征，如：

（1）习惯坐在谈话者的正对面。这类人的性格通常比较勇猛刚烈，具有冒险精神。有很强的适应社会的能力，同时，竞争意识也比较强。但这类人有一个明显的缺点，那就是比较武断，做事往往不考虑后果。

（2）习惯坐在谈话者的身旁。这类人大多属于做事比较谨慎的人，他们性格柔弱，但善解人意。

在人际交流中，每个人在与他人谈话时，与对方保持的身体距离是不同的，从这样的身体姿态中，也可以窥探出一个人性格特征。

（1）谈话时身体向前倾。这类人大都性格直爽，比较外向。不过，在人际交往中，比较欠缺警惕性，因此容易上当受骗。

（2）谈话时与对方的身体保持比较远的距离。这类人通常性格冷漠，自大，具有较强的警惕性，不爱与人交流。

在生活中，很多人会因为种种原因参加各种饭局。其实，在饭局上也能通过对方的身体姿态表情，发现其性格特征。

（1）将胳膊支在桌子上。很多人在饭局中，喜欢把胳膊支在桌子上，这类人有一种融入集体的愿望，他们的参与意识非常强。不管在什么时候，做什么事情，都希望自己能成为其中的一份子。

（2）坐着时喜欢摆弄饰物。在饭局中经常可以看到一些人，坐下来后，总是不自觉地摆弄自己的饰物。有着这一习惯的人，大多为女性。据心理学研究发现，这类女性的性格一般都比较内向，不会轻易将自己的感情外露。具有这类性格的人有一个显著特点，那就是做事认真踏实，是一个可以托付事情的人。

（3）坐下后习惯两手腕交叉。这类人看上去不太容易让人接近，给人一种冷漠的感觉。不过，这类人对事情通常有独特的看法。另外，他们有点自我主义，因此，不太适应团队工作。

FBI 心理分析专家指出，人类的身体姿态在不同的情形下，会呈现出不同的表情，进而因性格特征形成一定的习惯表情，也正是这些固有的习惯表情，透露了一个人的性格特征。这是 FBI 在多年办案中，通过对无数犯罪嫌疑人的身体姿态表情的研究得到的论断。

4
从下巴的不同表情中透视他人的心理

面部表情是表情达意的主要媒介，也就是说，人们惯常使用面部表情来传递内心的情绪，或者一些情绪会不经意间从面部表情中泄露出来。同时，从一个人的面部表情中，也可窥见其性格特征。心理学研究发现，人类的微表情，是心理应激微反应的一部分，它从人类本能出发，不受思想的控制，因而无法伪装。因此，微表情是一个人心理状态的忠实再现。

在面部表情中，除了眼神和嘴部的变化最明显以外，下巴的不同表情，也能体现出一个人的情绪和性格。FBI 心理分析专家认为，下巴的角度暗示了一个人的态度。这也就是说，从下巴表情中可以看出一个人的性格特征。因为为人处世的态度，是由性格决定的。

（1）高抬下巴的含义

乔治是一名企业高管，一次出差时，他与所住的那家宾馆的服务生发生了一点不愉快。其实也没什么大事，就是他叫服务生来他房间时，服务生因为一点别的事情晚到了一会儿。尽管起初服务生表示了自己的歉意，但性格高傲的乔治就是不理不睬，以一副不屑与其理论的态度对服务生说：“我不想听你说，把你们的经理找来。”在他说这句话时，下巴是高高抬起的，而且他的视线也没有落在服务生的身上，而是看着别的地方。

心理分析研究认为，当一个人的下巴抬高时，他的胸部以及腹部也会相应突出，给人一种盛气凌人、自高自大的感觉，让人觉得其个性狂傲、优越感十足。这类人往往用抬高的下巴，来显示自己的威严。希特勒在留下的许多照片中，都有着抬起下巴的表情，不难看出，希特勒内心的这种傲慢与自负。

在人际交流中，如果一方抬起下巴，同时眼睛向下望，且目光没有落在对方身上，这表明他没有将对方放在眼里，对对方所说的话或所做的事，持不赞同意见，甚至对对方产生了一定的敌意。因此，这个表情还意味着一种挑衅的态度。

另外，高抬下巴表示一种指示动作。在生活或工作中，当我们向他人借用东西时，如果对方此时双手正闲着，但没有用手指给我们，而是将下巴抬起来，示意东西在那边。这个表情表明，对方实际上并不情愿将东西借给我们。这是一种比较轻慢的态度，它所透露的信息是："我并不情愿这样做！"也就是说，他心中有不满，但不好直接拒绝而已。因此，当我们在向他人借用东西时，碰到这样的情况，应该懂得对方的心思。以后，尽量不要再叨扰他。

心理学研究发现，当人们心中产生不满情绪，而又不便于过分表露出来时，往往会用肢体语言将其表达出来。这样，既达到了表达的目的，又不至于让双方陷入过分尴尬的境地。

（2）收缩下巴

当一个人的下巴缩起来后，背部也会跟着微微驼起，一般情况下，这个表情表达了三种含义：

首先，表示一种畏惧感。人因犯错而被责问时，往往会做出这样的表情，同时会伴有低头的动作；

其次，表示怀疑。当一个人对另一个人所说的话不认同，对他所做的事情不认可，或者对某人不信任时，往往会将下巴缩起来，并将眼球向上移动。如果一个人经常使用这样的表情，说明他是一个疑心很重的人，对他人的警惕性比较高，大都不会轻易将自己的心事透露给他人。由于处处防备他人，所以比较难交流。但这类人行事谨慎，能够很好地完成分内的工作；

再次，缩起下巴也透露出一种“敌意”，传达出愤怒、隐忍的意思。

（3）撅起下巴

人在愤怒时，通常会将下巴撅起来，以表达威胁和敌意。习惯撅着下巴的人，内心大都充满着负面情绪。这类人心态比较消极，内心狭隘、愚笨，总觉得自己被他人占了便宜，并用这样表情表达内心的不满，因此，这类人的人缘都不是很好。不过，这类人比较容易让别人了解，因为他们常常喜怒形于色。

（4）轻叩下巴

如果一个人不停地轻叩自己的下巴，说明他心里有些不耐烦。在与人交流时，如果发现对方做出这一动作，最好不要再说下去了，因为他已经很厌倦当前的话题了。

（5）轻抚下巴

当一个人陷入沉思时，往往会翘起下巴，并用手轻轻来回地抚摸它。如果你看到有人做出这样的表情，尽量不要去打扰他，以免干扰他的思考，导致他的不愉快。

在面部表情中，下巴的活动幅度并不大，但它一样有着丰富的内涵。扬起下巴和缩回下巴，这在情绪表达中有着截然不同的寓意。人们在心情大好时，往往会不自觉地扬起下巴，而这样的表情，也会带动一个人产生积极的正面情绪。因此，在遭遇困难和挫折时，人们往往会告诉自己："扬起下巴来！"以让自己从负面情绪中摆脱出来。相反，缩起下巴，表达的就是消极的情绪了。

任何一种肢体语言，都能透露出一个人的心理状态，以及大致的性格特征。不论是眼神还是其它的表情，我们都可以通过认真观察，从中发现它所透露的信息。就如同从下巴的微小表情中，去捕捉一个人的心理情绪变化和性格特征一样，只要用心观察，是可以对他人的心理及性格了解一二的。FBI 探员之所以能在办案过程中，通过对犯罪嫌疑人各种微妙表情的观察，找出其话语背后掩盖的事情真相，主要原因就是不放过犯罪嫌疑人任何一个微小的表情，并通过工作经验对其加以分析，最终得出正确判断。我们在日常生活中，想要了解他人，也要尽力对他人进行全面细致的观察，这样才能更清晰地认识对方。

5

从站姿与走路姿势窥探他人性格特征

FBI 是最精通于从人类肢体语言中去识别他人的情绪变化以及性格特征的。他们有着一流的心理分析专家和培训机构，所以，FBI 探员接受过严格的训练后，对人的肢体表情所蕴含的各种含义都积累了丰富的判断经验。因此，经过 FBI 侦办的案件，几乎都会很快得到破获。从 FBI 的实际办案经验来看，人类的肢体表情的确具有“泄密”功能。

身体姿态表情也是一种无声的语言能透露出一个人的性格特征。一个人的站立姿势和走路姿势，都能传递出其个人的某些性格信息。人的嘴巴会有意识地说谎，但身体姿态语言却可以在无意识中透露出真实的状态。而仔细观察人们的站姿和走路姿势就会发现，不同站姿和走路姿势，显现着不同的性格特征。

那么，不同的站姿透露出怎样的性格特征呢？

（1）收腹挺胸，目光平视

习惯采取这样站姿的人，大都比较自信，或者比较在意自己的形象。不过，人在心情愉快时，也会不自觉地采用这样的站姿。

（2）双手背向身后而立

习惯采用这种站姿的人，一般都具有很强的自信力，喜欢掌控局势，或者把自己看做是居高临下的强者。不过，如果一个人将手背向身后而立时，一只手从后面抓住另一只手的手臂，可能表明此时他正在压抑着自己的负面情绪。但这种情况，在不同的环境中所表达的意思也有所不同。在服务行业中，这种站立的姿势，一般表明“我没有威胁”的意思。

（3）两手叉腰而立

如果一个人采用这种站立姿势，表明了他的自信心和心理上的优势；如果他的双脚分开，距离大于肩宽，躯体又呈膨胀感，则意味着有潜在的进攻性；倘若同时他的脚尖拍打着地面，则暗示着领导力和权威。

（4）站立时手插入衣袋中

采用这种站立姿势，通常表明一个人不想将自己的心思外露，他可能正在暗中策划某事。一般情况下，如果一个人将双手插入衣袋的同时，还呈现出弯腰弓背的姿势，可能说明这个人在生活或工作中遇到了不顺的事情。

（5）一条腿直立，另一条腿弯曲或者交叉，又或者将另一条腿斜置于一侧

采用这种站立的姿势，往往具有轻微拒绝的意思，或者对自己的态度有所保留。当然，也有信心不足和感到拘束的意思。

（6）站立时喜欢靠墙或是靠着身边的人

习惯采用这种站立姿势的人，往往缺乏独立性，做任何事都喜欢走捷径。不过，这类人通常比较直率，而且容易接纳他人。

（7）站立时并拢双脚，同时两手交叉

这类人大都欠缺进取心，而且谨小慎微，喜欢追求完美。不过，这类

人通常有很强的韧性，是那种个性平静且顽强的人。

不同的站立姿势可以体现不同的个性特征，同样，不同人的走路姿势也能体现出不同的个性特征。如：

（1）走起路来速度很快，且五指伸得笔直

这类人大都认真严肃，言出必行，只要想做什么事情，就一定努力去做，直到达成目标。这类人对自己要求非常高，能遵纪守法，为人稳重、成熟，富有责任感。只是过于严肃，往往给人留下太正经的感觉。

（2）走路时速度一般，手掌自然握成拳状

这类人属于行动派，说干就干，不喜欢办事拖泥带水。这类人很有正义感，喜欢帮助弱者，敢于仗义执言。在人际交往中，也比较受大家的喜爱。

（3）走路时习惯将手插在口袋里

这类人大都心思细腻，比较多愁善感。他们很看重感情，也很懂感情，因此，一生中会有很多感情经历。潇洒的外表，十足地吸引着异性，而身上偶尔流露出的忧郁气质，更为他们平添一种吸引他人的魅力。

（4）走路时速度较慢，双手五指自然弯曲

这类人属于自律性极强的人，但对他人却很宽容。他们看上去有点懦弱，但实际上非常有思想、有主见，是一个能成就大事的人。他们对待爱情也是忠贞不渝的。

（5）走路时步子小而快

这类人通常性格急躁，给人风风火火的印象。不过，他们大都行动力比较强，办事效率比较高。

（6）一边走路一边回头看

我们经常可以看到一些人，他们在走路时总喜欢一边走，一边回头看，好像后面随时会出现跟他有关系的人或事一样。这类人大都具有猜忌心理，而且有着较强的嫉妒心。

（7）走路时姿态很柔弱

这类人往往精神也很衰弱，即便有着强健的体魄，但往往经不起打击。因此，在遇到不幸时，会有精神崩溃的危险。

（8）走路时身体前倾的男人

这类人通常内向温柔，谦虚，有着良好的个人修养。虽然不苟言笑，但实际上很重感情，而且不喜欢向人倾诉心事。

（9）走路时习惯迈方步的男人

这类男人性格稳重，不论遇到什么事，都能保持清醒的头脑，不会被带有感情色彩的东西左右了自己的判断和分析能力。这类人洞察力很强，深谙世情。只是会经常感到压抑，活得比较累。

（10）走路时呈现军事步伐的男人

有些人在走路时，总是迈着很齐整的步伐，双手有规则地摆动。这类男人大都具有较强的意志力，对目标专注，绝不会受到外界环境和事物的干扰。这类人能充分发挥自己的所长，因此，在事业上会取得一定的成就。不过，这类人比较“独裁”，为了达到某种目的可以牺牲任何东西。

在生活和工作中，人们不可避免地要和各种人打交道。交往未深时，如果仅从话语中去了解一个人，显然不会获得精准的信息，因此，需要从多个方面去观察，才能对对方有一个全面细致的了解。而一个人的站立姿势和走路姿势，从某种意义来说，是可以透露出其个性中的一些真实信息的。因此，在人际交往中，不要疏于对这方面的观察。

第二章 眼睛：

FBI 告诉你眨眼之间的心理状态

1

怎样用质疑撕破表象

一般来讲，人与人面对面讲话时，双方的目光总会是时而望向对方又时而望向别处的。这样，谈话双方都会显得很自然。但 FBI 探员对犯罪嫌疑人进行审问时，经常会出现这样的情况：有些犯罪嫌疑人在接受 FBI 探员的询问时，会目光直直地望着探员的眼睛。

心理学家赫尔曼·陆宰认为，犯罪嫌疑人出现这种情况时，往往会有三种可能：第一，这是一个诚实的人，因为从来没做过什么坏事，所以面对询问时会显得十分理直气壮；第二，这个人经过特殊训练，可以做到说谎时不眨眼睛；第三，这个人极度不自信。

在现实中，绝大多数男人说谎时通常不敢直视对方的眼睛，尤其是在面对妻子的询问。这种情况发生时，妻子通常会说："如果你没骗我，就看着我的眼睛把刚才讲的话再重复一遍。"这时候，如果这个男人说的是谎话，那么他在重复自己说过的话时，无论是在肢体行为、面部表情上，还是在说话的语气上，都会表现出一定程度的不自然。不过 FBI 高级特工凯利认为，这种情形也有一个例外。如果一个是经过严格训练的特工人员，那么他在说谎时也能表现得很自然，比如那些在美国联邦调查局国家学院

里接受过特殊训练的高级特工或间谍。

这一类说谎者，往往是女人居多。

心理学家赫尔曼·陆宰认为，在现实生活中，这种情况往往发生在女人做错了某些事的时候。她们会直视对方的眼睛，说一些婉转的话，以求自己得到对方的谅解。但她们说出的话通常不会是对自己做错的事的原因分析，发出紧盯对方眼睛的行为也完全是为了通过对方表情上的变化，及时了解到对方是气消了，还是火气很大，以便于自己适时地做出还要不要继续对对方实施道歉行为的决定。这是女人独有的本性使然，其实只不过是在男人面前做做样子而已。

对于那种内心不自信的人来说，他们的内心感觉往往和一般人有着很大的落差，只不过他们自己没有感觉到。他们之所以要直视对方的眼睛，一是为了从气势上吓退与自己持不同意见的人，二是让被盯着的人感受到威胁，以便对自己做出不同程度的让步。

类似的情形如果发生在 FBI 特工对犯罪嫌疑人的审讯过程中，那么，特工能够从中得到什么暗示信号呢？

FBI 特工马克·拉什表示："这就等于对方在明确地告诉你，他是在说谎。无论他在你面前如何用语言或肢体行为配合着去解释自己与这件案子无关，作为一名合格的联邦特工，你都一定不能相信他们的表演。只要你看到这个人一直在看着你讲话，就足已能说明一切了。"对付这一类型的犯罪嫌疑人，其实并不难，马克·拉什说："只要你不停地对他眨眼睛，一切谎言都会慢慢烟消云散的。"

2011 年 9 月，田纳西州纳什维尔市一家酒店的经理近来总经常会收到客人的投诉，说在酒店居住期间遭遇了小偷。因为被偷的都是现金，其它贵重的东西并没有丢失或损伤，所以很多客人也只是向酒店报怨几句。有时工作人员也总会反问一句："先生，那您还丢了什么？"客人摇摇头。工作人员又说："那您一定是记错了，您可能将现金放在包里了，或者是花了。"

很多客人听后想想，可能真的是花掉了，不然怎么不拿走其它贵重的东西呢？也就没再计较。但酒店的客人几乎天天都在轮换，走了旧的来了新的，客人可以误以为自己的记性出了问题，可酒店的经理却越来越坐不住了。客人出现记忆错误是有可能的，但不可能住进酒店的每一个客人都会出现这种记忆的错觉。经理觉得一定是有小偷经常光顾自己的酒店了，于是他立即报了警。

警方接到报案后，立刻展开了调查。酒店处于繁华区域，仔细观察过酒店周围以及酒店内部的监控录像，警方并没有发现有什么形迹可疑的人出入酒店，于是派警员专程在酒店周围展开了秘密调查。警员发现，酒店里几乎每天都会有一些基督教教徒往来或是入住，这一发现立即让警方警觉起来。因为田纳西州几乎是一个全民都有宗教信仰的地区，其中有 85% 的人都信仰基督教，而作为州首府的纳什维尔市更是众所云集之处，所以警方将情况通知了FBI，FBI即刻派出了高级特工科恩来协助警方调查此案。经过酒店经理的允许，科恩化装成了一位推销员进入了酒店，以期能与小偷有些正面接触。

可是没想到，科恩却在酒店内遇到一位同行——向入住客人推销保险的一位女人。这个女人是化装成教徒的身份混入酒店的，并且对科恩十分凶，像是科恩抢了她的地盘似的。

科恩即刻对这名女子展开了秘密调查。调查中科恩获悉该，女子名叫

波特曼，的确是保险公司的一名推销员，但科恩发现波特曼在保险公司的业绩很是一般，不过从她的信用卡消费记录看，她花销很大，收支明显不平衡。种种迹象都表明，波特曼是对酒店住客实施偷盗的最大嫌疑者。于是，科恩决定和波特曼展开正面接触。

询问开始时，波特曼并未认出科恩。科恩发现，这是个十分健谈的女人——科恩问一句，她就有十句在那里等着他，尤其是认出科恩就是那位到酒店与自己争抢客户的推销员后，波特曼更是滔滔不绝地讲了起来，搞得科恩竟有些被动起来，反倒像是波特曼在询问科恩似的。但很快科恩就将情绪调整了过来，他发现，这个女人不仅十分健谈，而且讲话的时候总是将眼睛紧紧地盯住他，那样子像是在问："难道不是这样子吗？"与之相反的是更加丰富的肢体动作和面部表情。而就在这一刻科恩明白过来：这个女人在撒谎。于是每当波特曼死死盯住自己做出一副诘问的表情时，科恩就耸耸肩，然后冲着波特曼眨眨眼睛，一副质疑的样子。经过了几次这样的对峙之后，波特曼的情绪渐渐变得激动起来，有时甚至想要吼起来。这时，科恩拿出了波特曼的银行卡消费记录和她的工资收入记录。见到这些，波特曼立刻停止说话低下了头，随后她就说出了事情的原委：她并不是小偷，只是负责到酒店去拿钱的。后来听到酒店客人被偷的事情后她心里很怕，但无奈自己已上了贼船了。

根据波特曼的指认，FBI 抓获了酒店的一名服务生。服务生交待，自己负责从客人房间偷钱，由波特曼负责将赃款转移。

不可否认，如果科恩继续咬住推销保险的波特曼，同样能够找到破绽，但科恩却只通过一次询问，便从波特曼身上发现了她的异常。表面看来，她是在盯着别人的眼睛滔滔不绝地讲话，好像很真诚，其实是在运用这种方式掩盖自己内心的慌乱，所以科恩便采用了以质疑的姿态来回答对方每一次的表情的策略，而当对方情绪波动到几近忍无可忍时，科恩这才拿出了间接的证据，让对方再也无法隐藏谎言。如果一开始科恩便拿出了对方收支的单据，由于那时对方的情绪还处于相对稳定的状态，那她轻而易举地便能将这些看似证据的证据推得一干二净。如此一来，即便科恩知道对方在说谎，也无法即刻将她绳之以法。

2

眼皮跳动频率的变化所折射出的心理特征

眼睛被誉为“心灵的窗口”，但很多人都忽略了，眼皮正是打开这扇“窗口”的“大门”。FBI 探员通过与嫌疑人眼神之间的接触，能够窥探到嫌疑人的心理活动，这在现实社会生活中，也是被人经常用到的交际方式。事实上，人本身就是视觉性动物。人的视觉能够影响人的心理现象，而反过来讲，心理状态也能够由眼睛外延到外界。正如人们在形容一个人的眼睛时经常会说“你的眼睛炯炯有神”，其中，这个“神”就是神韵，即人们心理特征的表露。但是，如果眼皮不打开到最大的程度，眼睛是无法到达炯炯有神的状态的。

眼皮的动作并不比其它部位少。比如，眨眼就是人们的眼部经常做的动作，仅仅这样一个常见的动作，就代表了很多含义。通常，眨眼可分为两种：一种是有意识眨眼，另一种则是无意识眨眼。有意识的眨眼非常明显，是受到大脑指示而做出的动作；而无意识的眨眼活动，则是在不知不觉中完成的。FBI 指出，在正常情况下，人们的心情处于一种放松状态时，眼皮每分钟会眨动 6 到 8 次，而眼皮张开闭合的时间却只有十分之一秒。这种间隔时间通常是比较正常的频率，而一旦这种频率被打破，就说明对方的心理出现了起伏，开始不正常了。所谓的非正常心理状态，就是指人们心情的变化，比如紧张、慌张、愉快等，这个时候眼皮跳动的频率就会发生明显的变化。

FBI 分析，造成这种情况的原因可能是人们因掩饰某些秘密而让自己的内心无法平静。比如，嫌疑人说谎时担心警官把自己的谎言识破，在这种担忧和压力之下，人们或许能控制自己口头上的言辞，但是却无法控制自己眼皮的跳动。所以，因为心理状态和情绪的影响，说谎者总会做出不停眨眼的举动。很显然，眼皮不停地跳动并不是一种常态，而出现这种情况时，最好的解释就是：对方想要掩饰什么信息。因此，FBI 探员在进行一些调查或审讯时，往往会通过被调查者眼皮跳动的频率来判断对方供词的可信度。而在处理一些棘手的案件时，FBI 探员往往就是利用嫌疑人眼皮跳动的频率，才抓住其中的关键信息。

一天，波多黎各的一家旅馆发生了一起恶劣的纵火事件，在火灾中丧生过百人，引起了 FBI 警部的高度重视。很快，一名旅馆的保安人员成为了 FBI 探员的怀疑对象，因为最先烧起的地方，正是这名保安人员负责的范围。

于是，FBI 探员对这名保安进行了详细的询问，以确定他当时是否在案发现场。

FBI 探员问："着火前的时间，你在哪里？"

保安说："当时，我因为肚子不舒服去了洗手间。"

FBI 探员接着问道："有人能证明你当时在洗手间吗？"

保安想了想说："抱歉，大概没有，因为我进去的时候，没有看到熟人。"

FBI 探员直接发问："你是否参与了纵火？"

保安瞬间睁大眼睛，说：“怎么可能，我是不会做出这种事情的。”

FBI 探员再次提问：“那么，起火时你在何处？”

保安说：“我，我当时在洗手间洗手，听到外面的惊呼声，就立刻跑出来了。”

虽然保安在回答的过程中，表情上并没有什么变化，但是细心的 FBI 探员还是发现他在回答“案发时在哪里”的问题时，眨眼的频率快了一些，而在被问到其它问题时则没有任何变化。这让负责审问的探员立刻明白，这名保安所说的话语中存有谎言。最终，在 FBI 强大的压力之下，保安不得不承认，自己在案发时，并不是如他所说用了一点时间去了洗手间，而是同旅馆中的女友在房间里呆了一个多小时。不幸的是，在他离开的这段时间里，两名纵火犯趁虚而入，才引发这一悲惨的结果。因为怕承担失职的责任，这名保安才对探员说了谎。

在审讯的过程中，FBI 探员没有放过这名保安的任何动作，并且，在观察到保安面对一些敏感问题时，眼皮的特殊跳动信号，让探员明白应该乘胜追击。虽然保安的做法并没有造成直接的犯罪，但是却要承受擅离职守的惩罚。FBI 经过研究发现，眼皮跳动的频繁动作，除了是因为说谎而产生之外，人们在受到威胁时眼皮也会频繁地眨动。比如，当 FBI 以恐吓的手段对待顽固的嫌疑人时，也能从他们的眼部看到此类动作。在这种情况下，通常眼皮眨动的间隔会拉长，而这种动作也是人们下意识的肢体反应。

在日常生活中，你也可以跟随眼皮的变化，分析出别人的心理态度。比如，在人际交往中，当你在说话的时候，对方做出了频繁眨眼皮的动作，这说明他根本不想和你继续交谈下去，所以他的眼皮闭合的时间通常会持续三秒，甚至更久，仿佛是在说“赶紧从我的眼前消失”。如果对方的眼皮放低，后脑朝下，下颚轻微抬起，眼帘呈半打开的姿势凝视你，这表明对方对你持藐视的态度。

此外，当一个人感觉到自己不被重视时，也是会做出眼皮半打开这一眼部动作的。总之，在看到对方做出此类姿势时，要根据事情的实际情况进行分析。

在人际交往中，如果对方眼皮跳动的频率变得拖沓，则说明你所说的内容不够精彩，无法吸引对方的注意力和引发对方的兴趣。如果你认为，别人这样是对你的不尊重，那么你可以给予相应的回应，或将谈话刻意地停顿一下，和对方的眼神做一个交汇。这时对方就会明白，你希望他打起精神来听你说话。需要注意的是，女性眼皮的眨动是和男性不同的。比如，在现实生活中，常常会出现这样的情况：在一些场合，一个女性在男性身边擦肩而过的时候，微笑着对男性眨了眨眼睛，或抬了抬眼皮。这样的女性通常比较有自信，并且她们相信自身的魅力，而这种做法也是为了向异性展现自身的魅力。

与充满自信的女性相比，男性如果频繁向异性眨动眼皮，那么他在潜意识中已把自己当成了帅哥，对自己的容貌或身份背景非常自满，相信自己身上是带有魅力的，能打动女性。因此，即使男性没有“帅气”的外在形象，而他敢于在他人面前如此展现自己，再加上眼部的举动产生的影响力和感染力，也能让自己获得更多人缘，博得一些女性的青睐。此外，无论是男性还是女性，喜欢向别人眨眼、挑眉的人，性格通常都比较前卫、自信、追逐潮流和时尚，喜欢受到众星捧月般的对待，成为人群中的焦点人物。

FBI 遇到过各式各样的罪犯，也有一些花花公子或妓女，在审问的过程中，他们也都会频繁地做出眨眼皮的动作。

在 FBI 看来，频繁眨眼皮虽然是一条增强个人魅力的途径，但做出这种动作的人也会让人觉得过于自负。而 FBI 探员在与被调查者交流时，他们大多会根据对方眼皮跳动的频率，再结合其言谈举止，分析并判断此人的内在品质。

3

从瞳孔的扩张与收缩中感受心理变化的奥妙

瞳孔是眼睛最主要的组成部分，它隐藏着许多不为常人所知的秘密。瞳孔是虹膜中央的开孔，光线由此进入，它还可以通过放大或缩小来控制进入眼内的光量。光线暗时，瞳孔就会变大，让尽可能多的光线进入眼中。瞳孔的自动调节会让适量的光线进入眼中，以此来保持视网膜上物体的清晰度，而又不会致使过量的光线灼伤眼睛。

瞳孔除了可以随着光线的强弱变大或者变小外，还与心理变化有着密切的关系。有这样一个关于瞳孔的心理学故事：狡猾的赌徒们先用少量的筹码押注，一旦押中，他们就发现坐庄人的瞳孔突然变大，于是便大胆地加大注码，结果坐庄人输得很惨也不知道原因何在。原来，当人们遇到兴奋或者惊讶的事情时，瞳孔就会变大。坐庄人之所以输得很惨，是因为这群狡猾的赌徒们早已从坐庄人放大的瞳孔中洞察了其背后的秘密。科学研究早就证实，瞳孔最能反映出一个人内心的真实的变化。这是什么原因呢？原来，在人还处于胚胎时期时，眼睛是大脑的延伸部位，后来随着胚胎的发育成长，才将眼睛分化为一个独立的器官，这时瞳孔才得以形成，眼睛也从此才可以开始感知光线的刺激，接受各种信息。临床医学上，瞳孔会

被作为诊断生命机能的敏感指示器。瞳孔对光的反应是由脑干控制的，当一个病人的脑干功能受到损伤时，其瞳孔对光线的反射就会变得迟钝甚至完全丧失，这意味着病人的生命面临着死亡的威胁。这就是很多医生在检查一些病症严重的人，或者是处于昏迷状态的人时，通常会翻开眼皮观察其瞳孔的原因。

通常情况下，瞳孔的放大和缩小是不受人为控制的。但是在一定的条件下，可以改变自己的瞳孔大小。从前的一些风尘女子为了让自己的眼睛看上去更妩媚动人，会将一些特质的药水滴在眼睛里，从而人为地扩大瞳孔。瞳孔的大小还和年龄有着密切的联系。一般情况下，年龄的大小与瞳孔的大小成反比，随着年龄的增大，一个人的瞳孔会逐渐缩小。婴幼儿时期的瞳孔最大，而老年时期则是人一生中瞳孔最小的阶段。

在一定的光线条件下，一个人的瞳孔大小会受到个人情绪的影响。当一个人激情四射的时候，或者是极度恐惧的时候，瞳孔可能就比平常扩大3倍左右；相反，当一个人情绪低落，甚至陷入绝望的时候，其瞳孔就会收缩为人们常说的那种“金鱼眼”或者“鸡眼”。另外，人的瞳孔还会随着兴趣的强烈程度而发生变化，比如当一些男女看到异性的裸照时，瞳孔就会比平常放大五分之一；当看到婴儿的照片时，几乎所有女性和有孩子的男性都会放大瞳孔；而在面对一些普通的风景照的时候，几乎所有人都没有反应，甚至有些人还出现了瞳孔缩小的趋势。

此外，瞳孔的变化还代表着不同的含义。当人们亲密交谈时，瞳孔会扩张；当人们走神时，瞳孔就会缩小。正是由于瞳孔的变化可以表露内心的秘密，所以FBI经常会利用这点来侦查案件。有一次，FBI特工捕捉到一名间谍。他很合作，但就是不肯供出自己的同谋。而FBI又必须找出这个人的同谋，因为这些人的存在对美国构成了极大的威胁。于是，FBI 尝试通过非语言行为得到自己想要获得的信息。他们将几十张卡片摆在了这位间谍面前，每张卡片上都写着曾经与这名间谍一起工作的人们的名字，而这些人极有可能就是他的同谋。FBI 要求他看到每张卡片时，陈述自己所知道的情况。其实，FBI 对他所讲述的内容并不关注，因为他们早已知道他不会说出真实的情况。FBI 发现当这位间谍看到一个人的名字时，他的眼睛突然睁大，然后瞳孔又迅速收缩，并微微眯起了眼睛。很明显，他此时并不希望看到这个人的名字，于是这就成为了一条重要的线索，最后，这个同谍被抓到了，并在审讯中承认自己参与了此次犯罪活动。由此可以判断，当人们受到刺激或者遇到令自己惊异的事情时，眼睛就会突然变大，瞳孔迅速扩张。这样做是为了尽量吸收光线，向大脑传输足够的信息。然而，当人们对这些信息作出处理并产生消极的态度时，瞳孔就会马上缩小。

FBI 指出，瞳孔变大表达了内心的满足感，或者是积极的心态。当人们看到某人或者某些事物而感到真心高兴时，他们的瞳孔就会扩大，眼睛也会瞪大，这种表情通常被称为“闪光灯眼”。在生活中，当男女双方在约会时，如果女方真心喜欢男方，那么她在望着男方时，瞳孔就会明显扩大，用自己圆圆的水汪汪的眼睛看着对方。此时，男方在领会女方的眼神后，瞳孔也会扩大，这时双方在彼此的眼中都具有迷人的魅力。正是由于这个原因，很多恋爱中的男女在选择约会的场所时，都会选择那些光线幽暗的地方，因为昏暗的光线会使双方的瞳孔显得更大。另外在工作中，当领导睁大眼睛看着你时，你可以推断出他对你做事表示满意或者喜欢你的为人处世。总的来说，就是眼睛睁得越大，好感就越多；相反，当有人对你眯起眼睛或者瞳孔收缩时，你就应该想想是否该做出改变了。

很多人都知道，在与人沟通交流时，要看着对方的眼睛以示尊重。而FBI 告诉人们，注视对方的眼睛，观察对方的瞳孔，你就会得知他们内心最真实的想法。

然而，并不是所有的瞳孔变化都与情绪或心理变化有关，比如光线的调整、身体状况或者是一些药物都会引起瞳孔发生变化，所以大家应该细心做出推断，以免被误导，做出不合时宜的事情。

4

通过眼眉之间的“暗语”，识破无坚不摧的谎言

被称为“现代福尔摩斯”的美国著名犯罪心理学家约翰·道格拉斯认为，眼睛和眉毛是FBI在实战中观察一个人是否诚实可靠的重要参考因素，更是俘获犯罪分子的“秘密武器”。一般而言，FBI不会依照泛泛的面相学来解释或者评价一个人的真实心理。在实战中，FBI特工人员一直希望为这个话题找到更为合理的解释。实际上，人们眉眼之间传达出来的信息，和四肢相比，也是不遑多让的。约翰·道格拉斯曾经做过这样一个有趣的实验：他为一些年轻的情侣们设计出了几个不同的约会地点，同时观察这些人的眼眉变化。道格拉在观察中得出的结果是，大多数情侣都偏向于那些黑暗的角落——这里游人少，而且研究者发现，那些女孩子们在光线暗淡的地方，眼睛的瞳孔都比较大，这让她们看上去更加美丽，因此在选择约会地点的时候，她们不约而同地选择了光线较暗的角落，而那些男孩子们，也就很自然地跟着自己的女伴走了。这就说明，人们对于自己眼睛的利用是多渠道的。通过实战中的不断研究和总结，约翰·道格拉斯总结出了以下这些“眼眉暗语”：

（1）“不配合”的眼睛

FBI 在对一些案件进行调查审理时，会非常注重嫌疑人的眼神变化。很多时候，在负责调查一些间谍分子的时候，FBI 特工都会面临着对方不配合的情况，因为这些人试图用下垂的眼神躲避 FBI 的问讯。对于普通人来说，眼神下垂更多指代的是“退让”“谦卑”，但是在被 FBI 抓获的犯罪分子身上，情形就不一样了。约翰·道格拉斯认为，眼神下垂在某些时候具有轻蔑的含义，而且低垂眼帘，可以有效掩盖自己的眼部信息。由此便可认定，这种眼神是顽固狡猾的犯罪分子最为喜爱的。因而只要他们神情淡定，目光直直地垂落在自己脚下的那一片土地上的情景一出现，FBI 特工就会意识到，他们需要和这样的犯罪分子打一打持久的心理战了，而这就需要 FBI 先瓦解对方的心理防线，使双方成为“合作”关系，否则一切都将是徒劳。

（2）表现出“弱势”的眼神

实战中，一些犯罪嫌疑人在受到强势逼问的时候往往会做出这样一个动作：将自己的眉眼向上扬起，整个额头都缩成一团。在 FBI 看来，犯罪分子做出的这个动作是具有两层意思的。第一层意思是，他在告诉你，我不明白你在说些什么，我是无辜的，不要把我当成是犯罪嫌疑人；另一层意思是，他试图通过这样一个抬眼的动作来观察提问者。很明显，这个动作的发起者是弱势的，他或者是心里有鬼，或者是胆小怯弱。也就是说，这样一个动作所传递出的是犯罪分子心理防线较弱的信息。

（3）瞳孔变化背后的真实含义

约翰·道格拉斯研究还发现，一个人的瞳孔也会随着自己的情绪发生不同变化。也就是说，当一个人因为听到某一件事情或者受外界影响而感到兴奋或者高兴的时候，他的瞳孔就会胀大；而如果遇到一些不高兴的事情时，瞳孔就会相应地缩小；如果是一些他漠不关心的事，那么这个人的瞳孔就会“静止不变”。一般而言，没有专业的仪器是看不出来人们瞳孔的变化的，但对于那些能瞬间洞察一切的联邦特工来说，这并不是很难的事情。在 2000 年的时候，联邦警察在美国加州的一条商业街上抓获了一名盗窃犯，但是盗窃犯却拒绝说出自己的同伙。由于联邦警察事先掌握了这个团伙的一部分资料，就将许多嫌疑分子的照片拿去给该盗窃犯看，并要这名盗窃犯对照片里的人作一个简短的评价。

FBI 一共拿出了数百人的照片，在盗窃犯描述照片里的人物的时候，经验丰富的肢体语言专家就在一旁仔细地观察着他的眼部变化。当其中的 10 张照片进入到该盗窃犯眼帘的时候，他的瞳孔开始发生变化——他先是一惊，瞳孔扩散，随后又迅速缩小。而 FBI 就是根据这样的眼神变化，最终顺藤摸瓜，成功地端掉了这个盗窃团伙。

（4）会“撒谎”的眼睛

FBI 结合长时间的研究成果以及实战经验，找出了相对科学的“眉眼暗语”。约翰·道格拉斯认为，一个人在说谎的时候会将眼睛向左上方看。这可不是什么“经验论”，他发现，人说谎的过程是，他们先要在自己的脑海当中假想一个画面，然后再将自己头脑当中的这个画面复述出来。也就是说，人们在说谎话的时候，需要不停地进行思考。在人体的两个大脑半球当中，右脑是偏向于想象的，而且人的大脑右侧主管人身体的左躯干，而左半边则主管右躯干。所以，当一个人开始挖空心思试图用谎言掩盖事情真相的时候，他的大脑右侧就开始“运转起来”，与此同时，他的眼睛就会朝着左上方看。有了这样的理论作为基础，联邦特工在实战中也就显

得得心应手了，但 FBI 在这一方面运用更多的是测谎考试和对犯罪嫌疑人审讯。

20 世纪 90 年代末，FBI 抓获了一个制造三起恐怖爆炸而未遂的犯罪分子。犯罪分子起初对自己的犯罪经过不但根本不承认，还表现得非常平静。在这种情况下，FBI 对他进行了测谎测试：FBI 特工将一些连着线的感应芯片贴到犯罪嫌疑人的心口、腰、背上面，然后展开了提问。在“你制造过恐怖爆炸吗？”这个问题上面，双方产生了分歧。

犯罪分子这样表示道：“坦白地说，我根本不知道是谁实施了恐怖爆炸袭击。虽然我确实到过现场，但却不能因为此前我有过犯罪记录就判定我实施了恐怖爆炸吧？如果你们非要这样想，那我也没有办法。但我真的感觉很无辜，我只想告诉你们的是，我没有实施过恐怖爆炸。”这名犯罪嫌疑人非常轻松地接受了 FBI 的测谎测试，而测谎仪器的测试数据也表明这个人“没有问题”。当犯罪嫌疑人获悉这个测试结果，脸上洋溢着胜利般的喜悦，并且说道：“我早就说过，我没有说谎。这就可以证明我是清白的吧？”

“很抱歉地告诉你，目前仍然不能排除你和恐怖爆炸案之间的关联，虽然测谎仪器证明你无辜，但我们还是会对你继续调查。”参与调查犯罪嫌疑人的 FBI 探员平静地说道。

其实 FBI 的怀疑是有道理的。在提问的时候探员一直都仔细地凝视着犯罪嫌疑人的眼睛，而犯罪嫌疑人同样也注视着探员的眼睛，以此来证明自己“毫不心虚”。但是在回答说“没有”的时候，探员发现，犯罪嫌疑人抬起眼珠转动了一下，并向左上方瞟了一眼。通常情况下，一个人的心率、脉搏、体热等都可以通过其心理素质来掌控，在这方面，可以说犯罪嫌疑人（在其说谎时，其心率、脉搏、体热均未出现异常）是一个心理素质超强的家伙。但是编造谎言，却和心理素质没有什么关系，这是由人的大脑系统控制的，因此他在这个上面栽了跟头——FBI 根据他的眼睛变化对其进行了深入的调查，最终在相关证据之下他只得供述了自己的犯罪过程。

从约翰·道格拉斯的这些分析中可以看出，一个人眼眉之间确实存在一些“暗语”，而读懂其中的含义无疑为更加深入地了解一个人提供了必要的前提。因此可以说，眼眉之间的“暗语”是了解一个人内心世界变化以及俘获人心不可或缺的“秘密武器”。

第三章　眉毛：

FBI 告诉你眉毛也能表现内心变化

1

不同类型的眉毛代表的不同个性特征

众所周知，眉毛可以起到修饰和保护眼睛的作用，同时也有排汗功能，是人体机能自主调节的重要渠道。心理学家表示，人们在日常交流过程中，往往会关注对方的眼睛，而常常将眉毛忽略掉。实际上，眉毛所携带的性格信息也是非常丰富和准确的。通过眉毛的特征来透析人物性格，已经成为心理学家新的研究课题。

心理学家研究发现，眉毛在表情动作中时常需要和眼睛来配合，具体情况为：如果眉毛不发生变化，眼睛也不发生变化，那么说明此人心绪平和；如果眉毛不发生变化，但眼睛睁大，说明他的情绪在急躁和愤怒之间，但如果行为人的表情动作未能收到预想效果，那么他可能会采取进一步动作；如果眉毛上扬的同时眼睛也随之睁大，那么行为人很可能处于一种惊恐的状态，短暂的反应之后，行为人很可能会做出非常激烈的行为；而如果眼眉上扬，但眼睛不发生变化，那么说明行为人迫于压力，已经接受了眼前发生的事情，并表示服从，尽管在他的内心当中可能存在不同程度的愤恨。

可以说，眉眼配合所传达的信息十分复杂且瞬息万变，其中任何一个

细微的变化都可能是行为人心理上的忽然变动。只要行为人配合默契，眉眼之间的信息还是可以做到准确无误地传递的，并且比语言传递更加快捷和可靠。当然，在不同的文化体系中，眉毛所传递的心理信息也是有所区别的。以轻轻上扬眉毛为例，大多数国家的人会认为这是一种日常生活中和对方打招呼的动作，甚至人类的近亲黑猩猩也会采用这种方式传递内心信息。但是在日本，这个动作却被赋予了另外一层含义——在他们看来，这是一种非常轻挑和粗俗的举动，如果是对异性，这里面甚至包含了性暗示的信息。因此，心理学家提示人们，在使用面部表情传递信息时需慎重，以防产生不必要的麻烦。

为了近一步了解眉毛所包含的性格信息，心理学家还对眉毛的形状进行了研究。研究结果表明，不同形状的眉毛和性格之间存在着一定的联系。

眉毛比较粗长的人，通常精力旺盛，富于激情，接受新鲜事物的能力比较强。他们的性格以外向型为主，乐观向上，积极主动，能够承受较强的挫折和压力。在具体的工作上，这类人也往往能够认真负责，追求完美，并且从一而终。不过，这类人很难接受不同意见，即使是帮助别人也完全按照自己的想法，很少顾及他人感受。此外，这类人也有不同程度的表现欲望，在各种场合都喜欢占尽风头，有时候甚至会故意贬低别人，以抬高自己的身价。因此，这类人在集体中的生存能力并不强，但容易得到领导的赏识，有很好的的晋升空间。而一旦这类人成为领导者，他们的强势和坚定一面便会展露无疑，并很可能继而成为整个团队的作风。

眉毛比较细长的人，心理学家研究发现，其性格因子中消极成分居多，主要表现为自卑、优柔寡断和怨天尤人。实际上这类人最大的缺点还不在此，而是不能反躬自省，从来不愿正视自己的错误和缺点。还好这类人通常都非常善解人意且心地善良，尤其不愿为他人增加负担，因此，这类人的独立能力较强。由于性格使然，这类人往往能够静下心来从事一些比较枯燥乏味的工作，而且他们的想象力和创造能力也很不错。

眉毛平直，看上去像是一个“一”字的人是典型的智慧型性格。心理学家认为，这类人充满理性、知识渊博，并且能够在此基础上建立起足够的信心。这使得他们临机决断的能力非常强大，在面对任何人和事的时候都能保持最佳状态，而且在迎接挑战和捕捉机遇的时候，这类人所表现出来的非凡能力常常让人叹为观止。此外，这类人不计个人得失，具有较为公正的是非观念，甚至以维护公正为己任。因此，在现实生活中，这类人通常会受到很多人的尊重，并成为一个集体甚至一个领域内举足轻重的人物。

眉毛弯曲，像一牙新月的人一般都具有很强的个性，而且富于创造力。心理学家研究发现，这类人通常可以在创造性较强的工作中取得突出成绩，例如科研、学术、艺术等行业。不过，这类人的耐心和责任心通常比较差，他们会对自己感兴趣的事情投入大量精力和时间，甚至可以占去吃饭和睡觉的时间，但对于那些不感兴趣的事，他们通常会完全置之不理。如此一来，就使得这类人在普通的工作岗位上表现很不稳定，也很难取得理想成绩。如果不能得到领导的赏识和有效指导，这类人的创造能力非但不能为他们带来好处，反而会让他们处处碰壁。

眉毛比较稀疏的人通常性格比较内敛，他们喜欢独自思考问题，并能全面分析和考量别人提出的建议。他们富于务实精神，并时刻保持理智，生存能力通常比较强。另外，心理学家研究发现，这是一类喜欢躲在人群背后暗中操控事态发展的人，他们具有很强的伪装和自保能力。不过一旦

这类人的思想观念出现偏差，就会成为最令人头疼的社会不稳定因子。因此，这类人也被社会安全部门格外关注。而在日常生活当中，这类人也有成为领导者的潜力。由于老谋深算，他们往往可以在千军万马的竞争中独占鳌头，成就丰功伟绩。

两条眉毛相距很近，甚至连在一起的人，通常气量狭小，为人处事斤斤计较、睚眦必报，很少能受到人们的欢迎。心理学家表示，这类人的性格消极程度还会随着眉毛的粗重和连接程度的加深而加深。如果发展到极端，便会易爆易躁，经常为一点小事失去理智，甚至做出人神共愤的事情。此外，这类人的眉形与生理特征也存在一定联系。据心理学家的另一份研究数据显示，一些低能、弱智、精神病以及一系列脑瘫患者中，这种眉形出现的几率非常高。

眉形很细而且很稀薄的人往往比较任性，而且非常敏感，喜怒无常，常常给人带来意想不到的麻烦。心理学家提示人们，这种性格缺陷的严重程度还会随着眉毛颜色的变浅而加重，直至发展到无法补救的心理缺陷。此外，这类人的感情观念比较淡薄，亲情、友情和爱情会被他们不同程度地绑在利益得失上。一旦利益受损，这类人会无情地抛弃自己的感情对象，并视此为理智、正常。因此，这类人不但终生难有成就，而且会孤独终老，时刻生活在怨恨和绝望之中。

眉毛分叉的人。所谓眉毛分叉，是指眉毛从中间或者尾部分开，然后延 30 度角方向朝两边生长，看上去好像两条眉头的一端聚在一起，这种眉形也被形象地称为叠加眉。这类人的性格通常比较倔强，他们很少因为外在因素改变自己的决定，遭遇困难和压力的时候不但不会屈服，反而越挫越勇。另一方面，心理学家指出，这类人的命运比较不幸，虽然他们非

常珍视自己的亲人和朋友，但在感情方面却会历尽艰辛。尤其是女性，一旦生出这种眉毛，不幸的程度会进一步加深。

眉毛比较杂乱的人。一般人的眉毛都朝着一个方向生长，因此无论眉毛疏、密、粗、细，看上去都是比较自然和柔顺的。但杂乱眉形不同，几乎每根都朝着不同的方向生长，看上去乱糟糟的一片。这类人往往天生比较聪明伶俐，从小就受到虚荣心的毒害。因此，他们的性格会逐渐变得自负，经常耍一些小聪明，但由于自视甚高，往往会弄巧成拙，最终落得个聪明反被聪明误的下场。此外，脱离实际、纸上谈兵也是这类人性格中的一大"亮点"。

眉毛和眼睛距离过近的人。这类人的眉毛几乎长在眼睑上，给人的感觉好像是压着眼睛生长，因此，也有人称其为重压眉。因为生理作用，男性的眉毛通常比女性更粗、更浓，对眼睛的压迫效果会更明显，所以对于男性来说，轻微的压眼眉形并不属于重压眉。但女性则不同，她们的眉毛只要有一点粗重和靠近眼睛，就已经属于重压眉。这类人性格中最大的特点是急躁，而急躁的原因又往往来自贪婪和不自信，她们通常会因为自己的一时冲动而决定一件事，等到事情深入发展之后又发现自己根本准备不足，所以这类人做事常常虎头蛇尾、草草收场，弄得一团糟。此外，心理学家还表示，如果这类人的眉形中有杂乱迹象，那么无疑将使他们的性格缺陷雪上加霜，而且他们总是会将事情引上绝路，最终给人留下一个无法收拾的残局。

眉形像扫把的人。这类人的眉形通常被称为扫把眉，即眉头非常集中，而眉尾却越发分散，整体看上去像一束扫把。这类人最大的性格缺陷是猜忌心重，他们从来不相信任何人，总是把所有的事情都当成秘密并深埋于

自己心底。此外，这类人贪恋权势却又胆小怕事，所以生活往往异常艰辛并提心吊胆，因为他们经常在背地里做一些损人利己的事情。据此心理学家指出，这类人多数属于社会负面因子，他们的存在往往会给别人带来麻烦甚至灾祸。

心理学家表示，在现实生活当中，人们的眉毛可谓千奇百怪，即使说一人一个眉形也不为过。由此看来，所谓通过眉形看性格，只是一个大概的描述。如果想要对一个人的性格充分把握，则常常需要观察者具有渊博的心理知识和丰富的从业经验。但为了使普通研究者可以对眉形有更加深入的了解，心理学家另外给出了一些具体形状的眉毛与性格之间的关系：三角，大体呈三角形，拥有此类眉形的人性格刚毅、不畏强暴；八字眉，看上去像是一个倒“八”字，此类人的性格刚正不阿，信念笃定；刀型眉，棱角分明，像一把刀，此类人冷酷无情、自负武断。

此外，心理学家还进一步指出，眉形对于男性和女性来讲也有不同程度的区别。一般来讲，男性的眉毛以浓、密、粗为标准，因为这样的眉毛会让人感觉到雄壮、威武、精力充沛和富于智慧，在此基础上分析其性格特点会更加准确；而女性的眉毛则以细、长、密为标准，这样的眉毛，可以充分体现女性的温柔、秀美、心地纯净和精神饱满。

2

FBI 教你看懂眉毛这个心情变化的参照物

眉毛的主要功用是保护眼睛，防止汗水或者雨水流入眼睛。除了这种功能，眉毛还能展现人类丰富的表情，因为随着人们心情的变化，眉毛的形状也会随着改变。眉毛占据了面部的重要位置，不仅美化了人们的外表，还丰富了人们的表情。

双眉的舒展、紧凑、上扬、下垂，无不反映出人的喜怒哀乐等复杂的心理活动。

FBI 在破案的过程中，常常通过眉毛的变化，找到很有用的线索。FBI 探员卡斯特在一天晚上，接手了一个案件。报案人马尔斯先生说，他是这家工厂的值班人。10 分钟前，工厂突然断电，他刚要去电闸房查看原因，就看到一伙人撬开了一个储藏室的门，并闯了进去。由于对方人多，他不敢声张，就悄悄地躲在一处。他发现那伙人将储藏室的贵重物品偷走了，于是就赶紧报了案。

卡斯特马上赶到现场，却没有发现任何线索，于是便再次向马尔斯询问细节："你看到的那伙人有什么特点？"马尔斯回答："他们一共是 3 个人，有一个好像是印第安人，脸上还有条疤痕。"卡斯特问："你真的看清楚

了？”“是的，因为他们有人拿着手电筒，借着光正好能看到那个人的脸。”马尔斯一边回答着，一边还皱着眉头好像在思考什么。接着，卡斯特又问了几个细节，期间马尔斯先生的眉头一直是紧锁的，直到卡斯特准备要离开的时候，马尔斯的眉头才舒展开。卡斯特注意到了这个变化，便对马尔斯的陈述产生了怀疑。

经过多次审讯，马尔斯露出了更多的马脚，最终承认是自己将储藏室的物品偷偷挪走。在这个案件中，FBI 探员卡斯特就是从对方的眉毛变化中察觉到异常，才将其定为嫌疑对象的。

在很多情况下，FBI 探员只要通过对方眉毛的一举一动就能将其内心活动看得清清楚楚。他们是从什么样的细节获取到有效信息的呢？其实一个人将眉头皱起的原因有很多，比如：当一个人对对方诉说心中的疑惑或者反对意见时，就会不由自主地皱起眉头；当人们受到攻击，心里感到害怕时，会低眉并将眉毛往上挤，就形成皱眉的动作。FBI 探员在审讯犯人的过程中经常看到皱眉的表情，眉毛周围的肌肉出现挤压的动作是面对攻击时的最本能的反应。当人们遇到强光时，也会做出这样的动作。此外，皱眉还表示不喜欢或者厌恶。深皱眉头的人通常比较忧郁，他们往往想要改变目前的境遇，但是由于一些原因而不能做到。如果一个人在笑的时候同时皱着眉头，则说明他心中肯定有些许担心和顾虑，皱眉头是有点退缩的意味——尽管他是发自内心地笑，但他所笑的对象可能在一定程度上也困扰着他。

另外，皱眉的脸还会让他人感到紧张。其实皱眉只是一种防卫的表现，真正有攻击性、无畏的脸是双眼怒睁、毫不皱眉的。

扬眉的表情分为单眉上扬和双眉上扬。一条眉毛上扬的人，通常想要逃离庸俗的事物，他们一般有自命清高的傲慢表现。一条眉毛斜挑的人，通常抱有怀疑心理，扬起的那道眉毛就像一个问号。双眉上扬的人往往是处于异常欣喜或惊讶的情况下才出现的动作，在这种情况下，人的心情起伏很大。

耸眉指的是，人将眉毛扬起后停留片刻再下降的动作，同时伴随嘴角的迅速下撇，而其它的部位则没有任何变化。FBI 认为，这是一种无奈或者是不太满意的表现。另外，当人想要获得他人的同意或支持时，也会做出这种表情。

眉毛闪动指的是，先将眉毛上扬，接着迅速下降，表示友好。情人相见的一瞬间往往会出现这种表情。如果眉毛闪动出现在交谈中，则是为了强调说话的内容，每读出一个字时，眉毛就会闪动一下，意思是在说："一定要听清我说的每一个字。"

眉毛降低，分为眉毛完全降低与眉毛半降低。眉毛完全降低表示十分生气，如果这个时候再去招惹他，就是自找苦吃；眉毛半降低是一种表示疑惑的动作，是对对方的行为感到不解的表现。

倒竖眉指的是眉毛倒竖了起来，表示此人已经极端愤怒。可能是有人做了对不起他的事，或者是他被人玩弄了，这是一种开始发飙的表情。

锁眉常常是因为人们处于悲伤、焦虑之中，或者是正专注于某件有难度的任务。FBI 表示这种动作所表示的含义要根据情况而定。比如：公司的财务人员在核对账簿时紧锁眉头，这表示了他对工作谨慎、认真的态度；但如果接受审讯的犯人脸上出现了这种表情，则表示其内心焦虑或者不知所措。这时如果想要从对方口中得到有用的线索，就要耐心地劝导和安慰。

眉毛的变化丰富多彩，而且随着年龄的增长，眉毛的变化也会在我们

的前额留下深深的印记，并在最后形成皱纹。

通常爱笑的人都会留下微笑纹，这是人们身体语言生命中所累积的结果，反映了一段快乐的人生。而眉毛紧皱的人会在眉心挤出沟壑，反映出他们可能走过了一段坎坷的人生。FBI 指出，通过眉毛的各种各样的变化，可以清楚地了解到一个人的心理变化，所以眉毛也被称为心情变化的参照物。

3

眼眉的细微变化所暗示出的心理活动

FBI 心理学家表明，不同眼眉的形状变化可以透漏出不同的信息。眼睛与眉毛都处于常态，表示心平气和；如果眉毛静止，眼睛睁大，则表示愤怒；如果眼睛和眉毛都抬高，则表示受到惊吓。FBI 探员在侦查案件的过程中，常常通过眼眉的动作来推断嫌犯的心理活动，从而为破案提供了最有力的证据。

曾经在一次谋杀案的调查中，FBI 就通过观察嫌犯的眼眉变化，从中获得了有利的信息并侦破了案件。当时，FBI 探员维卡负责此案，他正在询问一个男人相关的问题。这个男人并非此案的主要嫌疑人（因为他有充分的不在案发现场的证据），而且他对 FBI 的工作也很配合。维卡不停地问一些问题，问到与此案有关的凶器问题时，维卡说："如果你参与这个案件，你会用锤子吗？""如果你参与这个案件，你会用锥子吗？""如果你参与这个案件，你会用刀子吗？"此案的作案工具是锥子，这已经是公开的事实，这名男子当然也知道。维卡问这些问题的主要目的是想观察一下嫌疑人听到这些凶器时，会作出什么反应。当他听到锥子时，眼眉突然动了一下，维卡觉察这个细节的变化后，就将这名嫌疑人锁定为第一嫌

疑人。最后结果证明，他的判断没错。可见，眼眉的确是最容易受心情影响而起变化的部位。

在丰富的身体语言中，轻抬眉毛是生活中很常见的一种动作。其实，轻抬眉毛这个动作从古代起就对人们的交际起到了一定的作用。通常情况下，当两人距离很远，却又想与彼此打招呼时，就可以做出轻抬眉毛的动作。这个动作几乎在全世界有着通用的含义，但是在日本要谨慎做出这样的动作。因为在日本，轻抬眉毛被认为是一种下劣的行为，甚至在某种情况下，日本人还会将这种行为理解为一种性暗示。因此，FBI 工作人员提示人们为了避免不必要的误会，在与日本人进行交流时，要尽量避免做出这样的动作。

除了轻抬眉毛之外，眉毛还有很多种动作。在很多情况下，这些细微的眼眉变化往往更能体现一个人内心的真实活动。尤其是在公共场合，人们的五官更会做出很多变化，如果人们在与对方交谈时，只注意到眼睛或者嘴巴等动作的明显变化，而忽略掉眉毛的细微变化，那么很可能会因为没有获悉完整的表情信息，而不能了解到对方的真实想法。FBI 在破案的过程中所面对的疑犯往往是善于隐藏的人物，如果不能够仔细观察对方眉毛的细微变化，那么想要从对方的面部表情上获得有效的信息是很难的事情。所以，在多数情况下，眼眉细微变化就是人们解析对方心理的重要依据。

还有一种情况就是，当人们明知故问时，会将自己的眉毛微微上扬。比如：你的一个朋友买了一个很昂贵的名牌包，你知道这个包的价格，但是为了配合对方想要炫耀的心理，你可能会假装不识货地问道："这个包看着真是不错，多少钱？"在这个时候，你一定要控制住自己的眉毛，不然朋友很有可能看出你是在明知故问。当然，这只是生活中的一件小事情，即使对方看出你的破绽，也通常不会介意。但是 FBI 在办案的过程中，如果犯人没有控制好自己的眉毛，就很容易暴露他们的罪行。

有一次，FBI 探员马修被分派去调查一桩爆炸案，他决定去嫌疑犯的家中，弄清楚他的家人是否了解爆炸案的内情。当他向嫌犯的家人出示了相关调查证件后，嫌犯家属问："我们一家都是合法公民，你来我家做什么？"马修发现，嫌犯的家属在说那句话的时候，眉毛微微扬了一下。他马上判断出，对方肯定知道自己的来意，而且也应该清楚他们的儿子犯了什么事。因此，马修决定从嫌犯的家属入手，来查询嫌犯的有关信息。最后，嫌犯家属被迫无奈供出了嫌犯的藏身之处。

FBI 常常通过对方的眉毛获得想要了解到的信息，这是很令人赞叹的地方。在生活中，很多人都会做出类似的细微动作来掩饰自己，但这并不是因为自己做了什么愧对他人的事情，而是人际交往中的一种善意的撒谎。所以，人们要懂得如何掌握这之间的分寸，控制好自己的身体语言表达。

4

眉型与人的性格、心理特征

FBI 资深非语言行为专家史密斯·菲尔顿指出，人类的形态复杂多变，每个人都有不同的一张脸，一对眉毛，一张嘴巴，没有完全一模一样的人，而一些细微的差别也会使人的思想和心理发生巨大的变化。而不同的眉毛也代表了不同的性格特征和情感世界。因此，FBI 一直以来都在与人的交流以及与犯罪嫌疑人的交锋中，仔细观察对方不同的眉型所体现出来的不同性格与心理，从而洞察和辨别出他们内心的想法和意图。

美国人格心理学家、被称为“实验社会心理学之父”的戈登·威拉德·奥尔波特以及其他一些心理学家和 FBI 的精英们也在长期的研究和实践的过程中发现，不同的眉型可以传递出不同的信息和心理特征。通常来讲，较为常见的眉型主要有以下几种：

（1）柳叶眉

这一类型的眉毛较粗，眉尾呈弯曲状，并呈现出不规则的角状，就像是春天里的一片柳叶。拥有这种眉形的人对人比较诚恳，与朋友的相处也很融洽，而且他们笑起来的时候，其弯弯的眉形给人一种既可爱又诚实的感觉。而也正是因为如此，他们在生活中的表现往往给人一种糊里糊涂的感觉，不过他们自己却往往是哑巴吃汤圆——心中有数。

在和这类人交往的时候，千万不要对他们意图不轨，或者企图利用他们等等。虽然他们嘴上不说，内心却明白得很。他们不说，是因为他们尊重朋友，但是，一旦感受到了实实在在的威胁，他们便会不遗余力地进行反抗，而他们的爆发力也是很强的。

（2）短眉

此眉形短不过目。拥有这种眉形的人，在性情上都较为自私，容易动怒，而且从不轻易与人妥协。这种人较为多愁善感，一旦遭遇某种挫折，便会不由自主地哀叹命运对他们不公平。但是，他们却从来不喜欢去找原因，因为在他们看来，一切都是命中注定，就像他们短短的眉形一样，形成了就无法从根本上改变。此外，他们还喜欢冷战，和任何他们认为不满意的人冷战，而且从不打算将自己的心事说出来，总想着让对方向自己妥协。

这类人较为容易患上心理疾病。可以想象，如果一个人总是把所有快与不快都闷在心里，势必会给自己造成各种心理障碍，而当这种心理障碍得不到有效解决时，便会引发心理疾病。更重要的是，这类人往往意识不到他们心理上的这种变化。

（3）卧蚕眉

这种眉毛，眉形清秀而细长，眉头和眉尾都比较细，但眉的中间却比较粗。拥有这种眉形人的外形通常都比较高大，身体也很健硕，往往会给他人呈现出一种安全感。虽然这类人生性机灵敏捷，但他们为人却较为坦诚。由于这类人是非观很强，所以他们从不冤枉好人，也从不放过坏人。从这一点上而言，人们往往容易对这类人产生敬意，因此，他们的人际关系也较好。

但是，这类人做事往往不计后果。只要他们认为是对的，或者值得去做的事情，他们就会毫不犹豫地去做。他们认定的事情，别人一般是无法轻易改变的，除非他们自己意识到了某种错误。从这一点上看，与其说他们固执，不如说他们坚持己见，因为他们虽然固执，却很讲道理。因此，在他们意识到某些错误的时候，也能够及时改正，从而避免造成无法挽回的后果。

（4）倒竖眉

“倒竖”之眉，指眉形倒成一个“八”字。一般而言，这类人没有什么过高的理想和抱负，也缺乏进取心，不具备成功的心理素质。这种眉毛看上去过于飞扬，使眼睛显得有些低陷，以致他们多为好高骛远之徒，小事不愿意做，大事又做不了，总是幻想着天上掉金子。

这类人还特喜欢吹嘘和显摆，总是在同学、朋友甚至亲人面前高谈阔论，标榜自己，夸大自己。比如他们因为某件事赚了 500 元，在表现自己的时候，就会将这个可以表现他们价值的数额夸大一些，比如他们会说赚了 800 元或 1000 元，甚至 1000 元以上。为了使朋友们相信，他们甚至不惜将这 500 元全部拿出来请客。在朋友眼里，他们只是拿出了赚来的一部分钱，而实际上，为了所谓的“虚荣心”，他们已经失去了所有。

可以说，他们的行为属于典型的夸大人格。如果这类人不彻底抛弃这种夸大的人格，一生将很难有大的成就。而在跟这类人交往的时候，人们一定要仔细检验他们话语的可信度。

（5）三角眉

三角眉也俗称“勇士眉”，因而，一般的杀手、武士等威武彪悍的人大多都长有这种眉毛。拥有这种眉形的人做事刚毅果敢，不惧遭受任何挫折，但喜欢以自我为中心。由于对杀手、武士有着深深的崇拜之情，他们之中的很多人都选择了这个职业。

FBI 高级探员米歇尔·蒙特指出，在众多残忍的杀人犯、抢劫犯、绑架犯中，有多数都长着三角眉，而且在米歇尔·蒙特看来，长着三角眉的犯罪分子都相当狡猾、狠毒。或许正因如此，他们对待生命才比一般的犯罪分子要残忍许多。而这种眉毛似乎也成了他们凶残本性的象征，甚至于让人望而生畏。所以，一般而言，长着一对三角眉毛的人都不怎么讨人喜欢，因此他们总是独来独往。

（6）一字眉

一字眉也就是眉形像正楷字“一”的眉毛。一字眉有粗细之分，细一字眉的人是女性居多，她们往往行为固执，做事缺乏耐性，急于求成。长有粗一字眉的人则多为男性，他们胆识很大，意志力也很强，且有一种精神势头。不妨观察一下生活中那些长着粗一字眉的人，他们总是给人一种庄严威武之感，而且他们说话的声音大且洪亮，还无比严厉。因此，这种粗一字眉多见于男性眉毛。

FBI 高级特工查理·威廉·米勒指出，有着粗一字眉的男性极有可能成为令警察们头疼的智慧型罪犯。由于这类人较为沉着冷静，他们犯罪后，外人从其外表根本看不出什么破绽，而其庄严威武的粗一字眉则极有可能成为他们伪装自己的工具之一。因此，一般而言，在遭遇到这种粗一字眉的犯罪分子时，不要试图从他们的外形上找出什么线索，一定要和他们打心理战，从瓦解他们的内心入手。

第四章　鼻子：

FBI 告诉你从鼻子变化瞬间猜透对方的所思所想

1

人为什么会不自觉地摸鼻子

FBI 表示，人们无意识的动作与大脑神经有着很密切的关系。一个人有意识的动作有很大表演的成分，而那些下意识的动作，才是一个人内心真实的想法。所以，了解对方的真性情就需多关注他在无意识中做出的动作。

美国前总统布什在一次新闻发布会上总结年度重大事件时，脸上尽力保持着微笑，还不时地与记者开玩笑。但是当他被问到白宫与国会之间的矛盾以及国外战争等棘手的问题时，还是没能抑制住心中的焦虑，做出了频繁摸鼻子的动作。布什在撒谎时总会不经意地摸鼻子，这种看似无关紧要的动作在 FBI 眼里，却是布什言不由衷的表现。FBI 官员曾经多次劝诫布什一定要克制自己摸鼻子的动作，但是事实证明，布什根本无法控制自己摸鼻子的行为。

摸鼻子通常是在表达内心的焦虑情绪，当然这不是凭空臆测。有研究表明，当人们处于紧张状态时，血压就会逐渐升高，从而促使软组织肿大。而鼻子是软组织的一部分，软组织肿大，鼻子也会跟着变大，进而产生痒的感觉，所以人们就会不可抑制地想要摸鼻子。如果你经常看新闻采访就

会发现有些被采访者在回答问题时经常会做出摸鼻子的动作，这表示被采访者内心正处于紧张的状态中。再比如，在考场上，眼看交卷时间就要到了，而自己对一些问题的解答还是一筹莫展，情急之下就常常会做出摸鼻子的动作。如果你是监考老师，发现有人做出这样的动作时，就应该留意他，因为他很可能会在这时作弊。

FBI 探员克里斯曾经侦破过这样一起案件：一个叫卢利的中年男人在家中被杀死了，刀子是从背后捅进去的，很明显是他杀。但是，谋杀者将现场收拾得很整洁，除了死者身体里那把没留下指纹的刀子外，再也没有任何蛛丝马迹。克里斯接到案件后，先是从与被害人有密切关系的、具有杀人动机的人员开始调查。经过调查，卢利的妻子、一位朋友以及他的佣人被确定为最大嫌疑人。

卢利和他妻子关系一直不是很好，而且有传言说，卢利在外面还有情人，而他的妻子又是那种心胸狭隘的人，所以克里斯将他的妻子定为第一嫌疑人；卢利的朋友因为生意问题最近一直和卢利频繁见面，而且这位朋友希望得到卢利的帮助。但是，卢利并不是那种为朋友两肋插刀的人，所以这位朋友因怨恨而产生杀人动机的可能性也很大；最后这位佣人同样有作案的嫌疑，因为他脾气很暴躁，而且对主人的责骂也怀恨在心。掌握这些信息后，克里斯开始轮番审讯这三个人。但是审讯过后，这三个人都有充分的不在场证据，这些证据似乎都与卢利的死无关。克里斯对此感到很惊讶，但直觉告诉他，这三个人中肯定有一个人在说谎。但究竟是谁在说谎呢？克里斯灵机一动，给了三个嫌疑人每人一支笔和一张纸，让他们画出一柄刀子的图样。三个嫌疑人不知道他想要做什么，不安地拿起面前的笔，开始在纸上画起来。这个时候，克里斯指着他们中间的一个，肯定地说：

“你就是凶手！”克里斯所指的正是卢利的朋友——这个人在画的时候摸了摸鼻子，而且显得异常紧张，握着笔的手明显颤抖，这说明他怕自己暴露，他当时可能正在思考克里斯让他们画刀子的目的。果然，当克里斯大声指出他就是凶手的时候，他的心理防线迅即崩溃，并承认了自己就是杀死卢利的人。

摸鼻子的动作反映了人们内心的焦虑，也是说谎的信号，但有时也是一种拒绝的反应。比如，当你向朋友求助时，对方没有马上回应你，而是做出了摸鼻子的行为，这表示他并不情愿给予你帮助，但又不好直接回复，所以通过这种摸鼻子的动作来向你说“不”。当然，人们在面对自己所厌恶的事情时，也可能会做出这个动作表示抗议，这样既不伤害对方的面子，也达到了自己的目的。因此，当你面对喋喋不休的交谈者时，可以不停地摸鼻子，如果对方识趣，肯定会马上闭嘴。

2

FBI 如何从鼻型上找到突破口

FBI 的一项心理研究结果表明：鼻子不仅是人体中重要的呼吸通道和嗅觉器官，它还与人的心理有关，即人们可以通过鼻形、鼻子的种类、鼻色以及鼻势等洞察出人的内心世界。根据外形特点，可以把鼻子分为以下几类：

一、眉心鼻

这一类型的鼻子直插脑门，鼻根几乎与眉心连结在一起，给人一种一气贯通的感觉。由于眉心鼻上的肉与骨头互相映衬，含而不露，所以给人一种神清气爽的感受。据 FBI 对这项研究得出的结果显示，长着眉心鼻的人运气都较好，时常有贵人相助，所以，他们往往到最后都能够居于高处。但是，拥有这种鼻型的人却有一个明显的算是缺点的心理特征——急于求成。

拥有这种鼻子的人，给人的感觉是做任何事都很努力——总是风风火火的，让人觉得他们非常勤奋踏实。而这也让他们在别人眼里占尽了优势，尤其是在上级眼里。其实，这正是源于他们急于求成的心理。不过，这种急于求成的心理也给他们造成了一定的劣势，即做事易冲动，欠缺一定的考虑，导致他们的行为存在盲目的嫌疑。特别是在受到某种挫折或失败时，他们急于求成的心理状态表现得极为明显。

FBI 心理专家约翰·雷华德指出，这类人应该学会做自己的心理医生，调整好自己的心态。如果你是一名船长，那么你就要遵循正确的（即便是遥远的）航行路线，千万不要为了急于求成而走捷径，因为很多捷径往往就是陷阱。而且，如果遇到大风大浪或者遭遇海盗袭击甚至迷失航行方向时，也都要坚持住，要坚信朝着正确的航行路线前进一定可以摆脱困境。要知道，急于求成无法解决任何问题，而一步一个脚印才是解决问题的上策。

二、猛虎鼻

这一类型的鼻子，鼻尖很圆很壮，鼻孔不外露，鼻梁也不偏不歪，给人一种英俊挺拔的感觉。拥有这种鼻子的人，做事一般比较稳重，遇事也会冷静思考，很少有浮躁的表现。这源于他们对待任何事情都懂得“三思而后行”的性格特征，诸多的事实证明，这种性格特征使得他们做事的结果基本上都是很乐观的。由于对工作常常是一丝不苟，甚至精益求精，他们中的大多数人都是较为成功的，而周围的人也很羡慕他们，因而他们的人缘极广，人际关系也相当好，甚至在别人眼里他们就是成熟形象的代表。

但是，拥有这种鼻子的人，其人格魅力往往使他们在日常生活中容易遭遇一些小的波折——因为他们把工作上一丝不苟、精益求精的作风带入了日常生活。他们不知道，生活与工作是人生中截然不同的两个方面，如果以工作的态度来要求生活，即便是你这个人再能干，再具有人格魅力，也有可能适得其反。因此，在与这类人交往的时候，如果你是他们工作上的朋友，那么你大可放心，同时还可以向他们学习、体会他们的人格魅力；

如果你是他们生活中的朋友，你不妨对他们稍加提醒，以其稳重、成熟的心理特征，他们还是会接受你的建议的。

三、猎狗鼻

这种类型的鼻子中部骨锋突起，就像一只可爱而又顽皮的小狗鼻子。拥有这种鼻子的人，一般都较为有主见，但同时也很自大，且心高气傲。他们的主观意识相当强烈，拥有不听取别人意见的习惯和心理。在任何时候，他们都喜欢凭借自己的意愿和意志去办事，对于别人提出的意见或建议一般不会采纳，因而自大的性格使得他们总是认为自己的决定是最正确、最好的。由于自大的人通常要面子的思想都很重，所以即便是他们早就发现自己的做法不太完美，或者说压根就不正确，他们也不会否定自己的想法，而去采纳他人的建议。

通常，这种自大的性格和傲慢的心理往往使得他们将自己置于孤军作战的境地，而他们也总是会为自己所做的错误的决定以及内心的固执付出沉重的代价。美国心理学家多奇曾经指出，这种自大的性格和傲慢的心理给人带来的负面影响是相当巨大的——它会使得人们无法意识到自己的缺点和错误，即便是意识到了也会装作没有意识到，从而继续在错误的路上走下去；而当他们真正意识到了这一点之后，往往已经没有了任何退路。所以，在和这类人交往的时候，一定要坚持自己的主见和立场，同时还不要忘了用事实去提醒他们。

四、偏门鼻

这一类型的鼻子鼻根比较细小，鼻梁也比较低，同时鼻翼又矮又小，鼻尖不正，通常都有些向右侧偏离，给人带来的视觉效果不怎么理想。因此，拥有这种鼻子的人往往会无端受到别人的格外“关注”、取笑甚至冷

眼，他们在做事的时候也常常会遭到一些意外的困难。有时，所谓“困难”极有可能是某些人为了捉弄他们而设置的陷阱，因为在他们受到捉弄而生气的时候，鼻子会更加偏斜，更惹人发笑。由于拥有这种鼻子的人经常受到捉弄，所以他们在人际关系方面相当保守，从不主动与人说话和交往，因为他们害怕引来对方的嘲笑或冷眼。

也正因为总受到他人捉弄和欺负，拥有偏门鼻的人自尊心往往非常强烈。在他们眼里，任何的捉弄都会让他们的自尊心大受损失，而为了保护自己的自尊心，或者说受到伤害的自尊心不想再委曲求全，他们通常会做出一些较为反常和过激的行为。比如，平常躲在角落里害怕与人交往的“弱小”的他们，会突然对某个捉弄或伤害他们的人发起意想不到的攻击。FBI 联邦探员史密斯·凯蒂芬指出，拥有这种鼻子的人的犯罪机率要高于拥有其它类型鼻子的人，曾经就有一个杀人犯因为对方的捉弄和侮辱，对侮辱他的那个人痛下了杀手。也就是说，这个杀人犯的鼻子正好属于这种“偏门鼻”，而他在警局接受审讯时说：“由于我长着一副不太惹人喜欢的鼻子，我总是处处躲着别人，以免被他们嘲笑。可在我看来，这有什么值得嘲笑的呢？但那些该死的捉弄和嘲笑我的人却不这样想。”

凯蒂芬认为，与拥有这种鼻子的人进行交往时，千万不要带着任何嘲笑和捉弄的心理，同时，还要尽量避免关注他们的鼻子。他们的内心原本就很敏感和脆弱，这种敏感的心理让他们很容易将任何一个注视他们鼻子的眼神看作是嘲弄。而在与之交谈的时候，也应该尽量避免提起与鼻子有关的话题，从而避免一些不必要的误会。

五、猩猩鼻

此类型的鼻子有些像聪明的猩猩的鼻子，鼻梁很宽，眉毛、眼睛和鼻

子紧紧地挤在一起。拥有这类鼻子的人，面部都比较宽，身体也比较厚实，整个人给人的感觉就是朴实和憨厚。也正是得益于这种憨厚朴实的性格特征，他们在生活中总是很顺心，在工作上也往往平步青云，令人羡慕。令人敬佩的是，他们处事不会与人斤斤计较。即便在工作上获得晋升，他们也不会上演人走茶凉剧情，而这可以说是他们与生俱来的一种品行。

不过，这类人却较容易被人利用。因为他们善良宽厚的本性总是让他们不懂得如何去拒绝别人，而他们答应了别人的事又一定会努力去做到，因此，时常有不怀好心的人利用他们来达到某种不为人知的目的。当然，他们虽然容易被别人利用，但只要他们发现了谁利用了他们的事实，他们便会为自己讨回公道，宁愿失去“善良宽厚”并且不计较个人的名誉，也要澄清事实的真相。从这一点上看，这一类人虽然过于厚道，但他们却是明辨是非的。

因此，在与这类人交往的时候，一定要对他们坦诚相待。如此，便可以换来他们和你全心全意的交往以及毫不吝啬的帮助。但是，如果你对他们起了利用之心，被发现后，他们也会毫不犹豫地与你划清界线，而且会丝毫不考虑个人名声来揭发你的行径。

3

鼻部动作中的隐秘语言

在面部表情中，鼻子的动作虽然非常细微，不像其他部位那样常常能提供有效的信息，但是它的变化却也能在一定程度上体现出一个人的心理变化。人们可以通过鼻子的微小变化获得更为详细的表情信息，从而掌握更有效的身体语言信息。

在交谈中，如果对方鼻子微微胀大，可能是对方正在对你表示自己的态度，也可能是对方正压抑自己想要爆发的情绪。当一个人鼻头冒汗时，表明他心情紧张。人们对“皱鼻子”这个词并不陌生，皱起鼻子在很多时候都是因为闻到了一股令人讨厌的味道。但是 FBI 表示，如果在皱鼻子的同时还伴随有严肃的表情，则表示为一种厌恶和鄙视的态度。这是一种十分傲慢、蔑视他人的表情。在语言文学中，当人们描述轻蔑的态度时，往往会用到“嗤之以鼻”。另外，如果一个人鼻子两侧有明显的皱痕，则表示他对周围事物的强烈的不满。FBI 在审讯犯人的过程中，经常就会碰到这种表情。

鼻子除了能表示厌恶、蔑视的情绪外，还能表达一个人的傲慢姿态。傲慢的人一般都有仰头的姿势，这时，人们看到的是对方的鼻孔，所以很

多人形容这种态度为“鼻孔朝天”，这是种傲视一切、自高自大的样子。另外，抬起鼻子同时也是一种背离重力的姿态，表达了一种积极自信的态度。在西方，那种将鼻子高高抬起轻视他人的动作就很常见。法国的一个新闻报道中出现过这样一个场面：当一名政客被问及一个他认为有失颜面的问题时，他接下来的动作就是抬高了鼻子，然后俯视着那个访问者说：“我想这个问题你不应该问我。”这个时候，他的鼻子已经表达了他的轻视态度。

FBI 表示，那些习惯性抬高鼻子而不去正视他人的人，通常就是不想与对方沟通交流，而又想要表达自己的优势。这是一种高傲的表现，他们不屑于与他人目光接触，却想要掌控对方的心理。FBI 探员提醒大家，如果遇到有这样表现的人，一定要小心警惕。

鼻孔张大，也是人们身体语言的一种显著信息，它主要发生在人们情绪激动的时候。比如：当两个相爱的人快要相见时，那种充满内心的期待会让他们的鼻孔张大。当人想哭，或者是感到很气愤时，鼻孔也会出现间断性地张大。此外，鼻孔张大还表示一个人要进行一项冒险的活动，这时候由于情绪紧张而深深地吸气，所以鼻孔会不由自主地张大。

FBI 探员指出，鼻孔扩大表示这个人可能有意图要进行某件事，而这件事让他感到紧张。FBI 称，如果发现有人做出这样的动作：注视下方、鼻孔张大、双脚叉开，他们便会怀疑这个人可能会跑开、斗殴或者实施其它不法行为。所以，当人们身处险境的情况下，一定要注意观察这种鼻孔张大的动作。曾经的 FBI 探员乔・纳瓦罗在以前工作的商店就遇到过这种情况。当时，正在工作中的他发现一个举止异常的男人。那个男人站在了一个尴尬的位置，那个位置既不是排队结账地方，也不是选购商品的地方，他手里没有拿任何商品，就那样默默地待在距收银台不到两米的位置。

乔·纳瓦罗由于好奇就仔细地观察他，就在这时，他发现对方的表情发生了变化。那个男人的鼻翼张开了，这表明他在深呼吸，也许接下来他准备采取什么行动。就在那一秒，乔·纳瓦罗猜出了那个男人的意图，他大声地朝收银员喊道："小心！"这时，收银员正好完成一次结账，钱箱子正好打开。只见那个男人立马冲上去，将手伸向抽屉，准备抢钱。听到乔·纳瓦罗提醒后的收银员迅速将抢劫者的手扳住，于是钱就掉回了抽屉里。抢劫者挣脱收银员的手，迅速逃离了超市。如果不是乔·纳瓦罗及时觉察了抢劫者的意图，恐怕钱已经被抢走了。所以，就算是细小的表情动作也足以让人发现其背后的秘密，而这些秘密很可能会帮助很多人远离困扰和挫折。

鼻子的表情除了以上的描述之外，还有歪鼻子、哼鼻子、鼻子泛白等。歪鼻子是表示怀疑对方，哼鼻子具有排斥、歧视的意味，鼻子泛白则表示了对方畏畏缩缩的心理。当鼻子与其它部位相配合的时候，又能提供出其它的信息。比如：当人思考时，通常会捏捏鼻子；当人无聊时，会挖鼻孔。FBI 表示，所有触摸鼻子的动作都可以看作一种自我安慰的行为。比如：当有人问到一个你难以回答的问题时，你可能会情不自禁将手放到鼻子上，抚摸它，或者是挤压它。这其实是掩饰内心慌乱的行为，接下来你可能会找个理由将这个问题敷衍过去。不会撒谎的人往往会做出类似的动作，而一些沉着稳重的人则能够克制住自己的这种"泄密"行为。

鼻子是一个灵敏的嗅觉器官，但它并不是单纯的呼吸器官那样简单。它是一个无声的语言器官，所有的鼻子动作都在无声地发布着信息，FBI 更是能够从鼻子的动作上获得有用的信息。鼻子的动作虽然很简单，但是它也能传送很隐秘的信息，它就像一个情绪指示器，在默默地呈现着人们复杂多变的情绪。

4

各种鼻部动作与心理活动的联系

很多人认为，鼻子是自主动作幅度较小的面部器官，所能做出的动作也比较有限，这是由于鼻部的神经纤维远不如其它器官丰富，因此传递心理信息的作用并不大。然而，心理学家却给出了不同意见。他们认为：正是因为鼻子可以做出的动作少，而且幅度较小，才使其携带的性格信息十分清楚和可靠。经过分析研究，心理学家已经逐步了解了鼻部动作的奥秘。

一、鼻孔张大和心理活动的联系

鼻孔是人体对外界刺激最为敏感的部位，在受到缺氧、气味或者细微物质刺激时，鼻孔都会自动张大。心理学家表示，除了物理刺激外，行为人的情绪变化也很可能会引起鼻孔张大。比如，在生气或者愤怒的状态下，鼻孔也会迅速张大。对此，心理学家作了进一步说明：人在发生剧烈情绪变化时，身体会消耗大量氧原子，呼吸系统为了保障身体尤其是大脑得到足够的氧气，会自动调整到最佳工作状态，鼻孔张大就是呼吸系统自我调节的具体表现之一。此外，愤怒是人类在发动进攻之前的情绪变动，因为在进攻过程中需要消耗大量氧原子，呼吸系统的这一调整工作实际上也是为了积蓄更多力量。

二、皱鼻动作和心理活动的联系

心理学家表示，行为人在受到外界不良气味、噪音和身体刺激时，鼻部都会不自觉地做出这一反应。除此之外，皱鼻还是一种负面的心理活动信息，行为人在对某个人或某件事产生不满和厌恶情绪时，往往也会做出这一动作。因此，心理学家提示：在与他的人交流过程中，要尽量避免做出皱鼻动作——尤其是受到物理刺激的时候，以免对方接收到负面信息后使双方交流产生障碍。当然，如果在交流过程中，对方出现了明显的皱鼻动作，那么就需要双方改变一下交流方式，或者干脆放弃交流，以免陷入无法挽回的境地。

三、捂鼻动作和心理活动的联系

心理学家提示：这个动作有时也会是捏鼻，这已经是一种明显的肢体动作，尤其是在鼻腔受到外界不良气味刺激时，人们都会立即遮捂口鼻。但心理学家在研究过程中同样发现了心理活动与这个动作的联系。比如，行为人在产生负面情绪时，会在有意或无意间用手摸自己的鼻子，其中主要以手背蹭鼻为主。如果此人的负面情绪得不到有效缓解，这种动作还会不自觉地加快和增多。同样，如果不是有强烈的心理表达需求，行为人也不宜在交流过程中做出这一动作；而如果对方做出这一动作，那么双方的交流也就出现了问题。

此外，心理学家为了进一步了解鼻部信息和性格特点的联系，还对不同的鼻型进行了分析研究。研究结果表明，行为人的鼻型特征和性格确实存在一定联系。

鼻梁比较高的人，性格以外向为主。他们乐观向上，开朗热情，拥有比较积极的生活态度。即使遭遇到挫折和失败，也不会在情绪上产生过大

的波动。但这类人很容易产生自负情节，他们自我意识比较强烈，对不同意见鲜有采纳。在日常生活中，也往往会表现出不可一世或盛气凌人的样子。对此，心理学家指出：这类人担任领导后容易脱离实际，做出一些空有想象、纸上谈兵的事情。

鼻梁比较低的人，性格比较温和、憨厚，心地善良，乐于助人。这类人一旦遇到需要帮助的对象，往往会不计个人得失，毫不犹豫地提供力所能及的帮助。因此，他们通常比较受欢迎，有他们在的地方，也总是充满着温情和希望。此外，低鼻梁的人一般比较内敛，能够很好地控制自己的情绪，行为处事也非常有分寸。

鹰钩鼻。鹰钩鼻很像老鹰的嘴，鼻尖部位会有不同程度的下垂，看上去像一个吊钩。这类人通常比较暴戾、贪心不足、自私自利，且非常阴险狡诈。与此同时，他们对一切事物都持有消极态度，怀疑任何人和事，并时刻处于警觉和敏感之中。在现实生活中，即使是一些平常的事情，也很可能被这类人认为是针对自己，从而自寻烦恼。不过拥有这类鼻型的人往往备受异性青睐，因此，他们总是不乏爱情故事。

段鼻。段鼻是指鼻梁上有明显的节段凸出的鼻型，这类人通常比较顽固，凡认定的事情便很难改变。他们的情绪控制能力不强，一旦发现和自己意愿相违背的事情，就会很容易采用极端手段。不过，他们对工作的热忱程度值得夸奖，能够勇挑重担，在家庭方面也是尽职尽责。

直线鼻。这里所说的“直线”主要是指鼻梁如一条完美的直线，其余部位则坚挺饱满，曲度适当。无论男性还是女性，拥有这类鼻型都会为自己增色不少，也总能使自己情场得意。而且这类人思路清晰，头脑灵活，无论在生活上还是在事业上都能取得理想成绩。但这类人对细节有着几近挑剔的关注，有时甚至会因为细节而忽视整体，所以他们经常会做出一些舍本逐末的事情。此外，这类人比较自私，很少为他人着想。

鼻子是心理课题的一个重点研究对象，而随着研究的逐渐加深，除了鼻部动作和外形，鼻腔发声也渐渐引起心理学家的关注。据初步的研究结果显示，行为人在正面情绪下，鼻腔会发出“哼哼”的粗顿声；而在负面情绪下，鼻腔则会发出“嗤嗤”的尖锐声。不过目前这一心理课题研究尚未成熟，还不能为心理判断提供系统依据。不过，随着心理学专家的不懈努力，鼻部所隐藏的心理信息将会逐渐呈现在世人面前。

第五章　笑容：

FBI 告诉你微笑背后的内心秘密

1

FBI如何从笑容里发觉秘密

同眼睛一样，人的嘴巴除了用来进行语言表达以外，同样能表达出很多丰富的信息。但是如果你没有仔细去区分，就会被它传递出的一些虚假信息所蒙蔽。比如一个人突然对你微微一笑，你如何辨别它所流露出来的信息究竟是赞许、原谅，还是一种虚伪的礼貌性的回应呢?

FBI 认为，要区分出一个人是真笑或是假笑，其实并不难。联邦特工通过多年大量的实践研究证明：如果一个人的笑是发自内心的，那么他嘴巴周围的肌肉会是松弛的，同时他的目光会配合笑容流露出一种充满善意的光，眉毛也会轻轻地弯成一个弓形，整个面部表情会传递出一种积极的、愉悦的信息。而当一个人出现礼貌性的虚假的笑时，他的嘴角就会在不知不觉中被拉向两只耳朵的方向，他的目光中不会流露出什么积极意义方面的信息，嘴巴周围的肌肉也会随之出现局部的僵硬。总之，整个面部是不带任何感情色彩的。

FBI 曾联合多位美国心理学家进行了大量的实验，专门研究一个人出现各种不同类型的笑的时候，其内心所表达出的种种情绪。而通过大量的研究比对，FBI 投向了那些具有内向性格或是多重性格的人所透露出来的

具有消极意义的笑。比如喜欢悄悄笑的人，心思一般都十分缜密，容易害羞，属于内向的性格，做事总是比较客观，喜欢以旁观者的身份去看待周围的事物。这种人很善于伪装自己，一般不会轻易流露出自己内心的真实情感；笑不出声的人大多比较感性，性格低沉，个人的情绪化较大，容易受到外界事物的感染。但是在外表上看，具有这种性格的人又往往会流露出一种亲切、温和的样子；喜欢用手遮住笑容的人，多为女性（这种人多为内向性格的人），虽然她们往往表现出一副温柔的面孔，但是在为人行事上，却极少会向除她自己之外的人，包括她的亲人，透露自己的真实信息。她们有着很深的城府，几乎天生便对所有的事物都持怀疑的态度，绝不会轻易相信任何人。但是心理学家对一些 FBI 女特工所做的实验表明，具有这种性格的人有着一个致命的缺点——她们从不会相信任何人，所以内心所承受的压力通常要比其他人大很多，这导致她们常常会出现注意力不集中的情况。根据不同笑容所对应的人的内心情感或情绪，FBI 的特工们及时准确地掌握了很多犯罪嫌疑人的心理，从而破获了一起又一起看似难以攻破的案件。

莉亚是一位年轻的联邦特工，她加入 FBI 仅有两年。有一次，根据情报部门提供的资料，FBI 怀疑位于纽约闹市区的某家贸易公司可能是一个伪装的间谍机构。虽然调查结果显示，这家贸易公司几乎所有的员工都是美国人，只有老板是第三国家的。但 FBI 仍感觉有问题——表面上这家公司是在从事着国际间的贸易往来，实际上他们运作的业务并不多，可是这家公司却一直坚持了四年，所以说，这家公司极有可能是表面上做贸易，实际上却从事着商业间谍的工作。而在随后的调查取证中，综合情报部门的资料也显示，这家公司就是一个商业间谍机构，只是 FBI 还未能掌握到直接的证据。在这种情况下，FBI 特工又得到消息，这家公司出现了转移的迹象。不过，正当 FBI 的特工们焦急的时候，国防部却传来了令人振奋的消息——这家公司的确从事着间谍活动。于是 FBI 决定收网，可是在联邦特工们准备实施秘密抓捕之际，这家贸易公司的主要头目都已经逃离了美国。所以，虽然 FBI 动用了十几名特工，最终却只抓到了两个小喽啰。

审讯时，一个小喽啰总是不停地冷笑，情绪几近失控；而另一个小喽啰是个年轻女人，无论你问什么，她都极少说话，只有当负责审问的审讯员追问急了，她才会说几句话，但多数都是关于公司业务方面的回答。一时间 FBI 的特工有些束手无策，最后只得将这个女人交给了莉亚。

经过几次询问，莉亚发现了一个奇怪的现象：每次问到一些关键性的问题，这个女人总是会伸手将嘴巴半遮半掩，然后偷偷地微笑。这种笑令莉亚很不舒服——她究竟是在用微笑向外释放内心的压力，还是在嘲笑联邦特工的无能？经过一番思索，莉亚决定还是从这个女人的性格入手。于是在下次的审讯中，莉亚照例问过几句后，突然冷笑着对她说：“我劝你还是不要负隅顽抗了，你在出事前一天的工作日志中出现了一个致命的失误，忘记将工作内容转换成代码。而正是由于你这一个工作上的失误，FBI 的工作人员已经将你们所使用的代码全都破译了。”说完这句话之后，莉亚发现她的笑僵持在了脸上，遮嘴的手也放了下来。莉亚继续说：“我不妨再次提醒你，你的失误出现在了那天日志的倒数第三行，你原本应该写成‘服装 20 万件、大豆 50 吨’的。”对方在这一刻突然沉默了，一会儿点点头，一会儿又摇摇头，但她突然再一次轻轻笑了：“你在骗我，这种低级的错误我是不会犯的。‘服装’代表克罗克公司，‘大豆’代表他们公司最新正在研究的新产品。”莉亚说：“那‘50’呢？”对方脱口

而出："当然是……"话还未说完，她突然发现了莉亚嘴角那一抹微微的笑意，一下子全明白过来。因为她入行前是读心理学专业的，对于眼前这位FBI特工脸上出现的笑,她清晰地明白了她此刻的心理,那是一种积极的、乐观的笑。最终，她不得不交待出了一切。

莉亚的亲身经历再一次说明了准确地读懂一个人脸上出现的微笑对于FBI 侦破工作的重要性。所以，FBI 在对新成员的集训中，十分注重他们对非语言行为中的面部表情变化的观察与理解，以便能够准确地把握住犯罪嫌疑人所处的心理状态，并深入了解对方的性格，从中找出破绽，侦破案件。难怪美国心理学家在一次演讲中曾说："绝不要轻视对方投来的一个貌似平常的微笑，对于对手而言，它或许会成为致命的武器。"

2

不同笑容类型下的不同心理

一般情况下，笑容是快乐的体现，人们在遇到搞笑、幽默的事情时都会情不自禁地发笑。然而，笑容除了代表快乐的情绪外，在某些特定的情况下也会表达出其它的情绪，如奸笑、苦笑、冷笑、嘲笑等。在嘲笑他人的时候，人的面部肌肉并不是很兴奋，眼神里会透露出嘲讽的意味；人在冷笑时，鼻翼通常会有一定程度的缩动，上唇中间部位会上扬，而并非是快乐的嘴角上扬；苦笑的表情看起来更加不自然，常常表现出无可奈何或痛苦的感觉。

笑容是最常见的一种表情，也是最复杂的一种表情。在日常生活中，笑的表情千变万化，所表达的情绪也丰富多变。FBI 在侦破案件的过程中，会遇到形形色色的人，他们观察到，人们在笑的时候，不同的笑容所表现的特点大不相同。而且 FBI 能够通过人们的笑容来解读被审讯者的情绪特征，为案件的发展捕获有利的条件。

微笑是世界上最温暖人心的笑容，人们只有在情绪达到愉悦的状态时，才会发自内心地微笑。当一个人旁观他人的快乐、幸福时，常常会发出这种感到欣慰的笑容。嘴唇在微笑时会形成一个弯弯的弧形，不会露出牙齿。

微笑表达的情绪虽然并不是很饱满，但是却具有很强的感染力。当一个人微笑的时候，周围的人也会跟着微笑，这可以消除彼此陌生感，甚至打开彼此的心扉。微笑会让他人对你产生好的印象，可以使你与他人的关系变得亲近。有研究表明：法官往往会轻判那些为自己辩护时面带微笑的罪犯，而那些在审判时面无表情的人往往不会受到这种待遇。当然，微笑也是要分场合的，在轻松愉快的场合面带微笑必定会给人留下很好的印象，但是如果在不适合笑的情境下微笑，无疑是一种很不礼貌的行为。

美国前总统詹姆斯·厄尔·卡特就有过这样的行为。不管是何种场合，他都会面带微笑，即使谈到当时正在爆发的伊朗人质危机时，脸上也总会出现不安的微笑。这种表现让人觉得很不舒服，也大大降低了他的威信。美国的很多公民都觉得奇怪，总统为什么在面对这么严肃的事情时还能发笑。其实美国民众并不知道，这其实是詹姆斯·厄尔·卡特总统缓解压力的一种方式，所以他的严肃、不安的内心与自己所表达的轻松表情并不一致。在他人看来，一个国家总统在应该严肃的时候面带微笑未免过于轻浮，或许就是由于不适宜的面部表情，詹姆斯·厄尔·卡特才失去了连任的机会。

虽然笑容并不像言语那样具有明确的表达力，但是通过笑容的形式，人们可以更准确地分析笑容背后隐藏的更多信息。笑容是人们日常交际中出现最频繁的表情，也是最能够实现交流目的的一种身体语言。FBI 通过多年的侦查经验发现，人们在说谎的时候会很少露出笑容，即使努力去笑，看起来也会很勉强、僵硬。相比之下，那些说真话的人笑的次数会明显增多。从根本上来说，笑容源于顺从和妥协的心理，所以那些真诚的人会以发自内心的笑容来渲染与他人交流的气氛，而那些说谎的人则往往减少笑容来避免内心的暴露。

大笑一般发生在情绪高涨的情况下，是很开心的表现。人在大笑的时候一般都不是针对人，而是针对某件让人开心的事情。大笑时人的嘴巴会张开，呈 O 型，而且上下牙齿都会露出来，并发出“哈哈哈”的笑声。但如果一个人大笑的时间过长，就会让人感觉很不正常，一般影片或舞台剧中的丑角会经常发出这样的笑容，目的就是给观众营造一种很开心的气氛，勾起人笑的欲望，让观众在笑容中得到放松。

抿嘴笑的特点是双唇合在一起然后向左右拉伸，牙齿不露，形成一种直线。FBI 表示，持有这种笑容的人往往隐藏了自己的真实感情，或者不想与对方交流自己的想法，用这种笑容来表示拒绝。一般情况下，当女士遇到自己并不喜欢的人时就会出现这样的表情。有经验的人一看就知道，这种笑容是一种拒绝的身体语言，但是很多男士并不了解女性这种笑容背后的真正含义。如果你留意，就会发现很多成功人士接受媒体采访时都会出现这样的表情。这种笑容是一种内敛的表达，成功人士好像用这种笑容表达：“我成功的秘诀到底是什么呢？你们猜猜看。”在成功人士的采访中，被采访者会说出自己获得成功的一些基本方式，但是他们很少有人向人透露细节，或者他们不想将自己的某些经历向他人诉说。

皮笑肉不笑，是一种假装的笑容，是一个人为了敷衍别人的笑话或者是假装表示认同对方的言行时所露出的表情。当人们要隐藏自己的真实情绪，而不想让交流对象觉得自己冷漠时，就会努力用笑容表示应和，这种笑容表现出来会很勉强，于是就出现了这种皮笑肉不笑的表情。另外，说谎者的脸上通常就会出现这种笑容，而且会比正常的笑容持续更长的时间，这是说谎人心虚的表现。当一个人皮笑肉不笑的时候，由于并非是发自内心的笑容，只是受意志的控制，所以他的左右脸颊所呈现的表情并不一样。

因为控制表情的神经主要集中在右脑，而右脑是左半身的“司令官”，最后就会出现左半脸的表情比右半脸要更张扬一些，比如左嘴角会比右嘴角高，左眼角鱼尾纹比右眼角更明显等。

FBI 表示，笑容是发自内心的一种表情，可以给人一种轻松自然的印象。其实，每一种笑容背后都隐藏着一种情绪，在不同的情境下，相同的笑容又会表现出不同的含义。即使是笑容这种通常令人感到欣慰的表情，也有不合时宜的时候，所以人们要依照实际情况把握自己的笑容，同时从观察对方笑容的类型来揣测对方的情绪，从而更好地与之进行交流。

3

真诚微笑的力量

微笑是一种力量，这种力量可以令对手胆怯。耶稣被绞死的时候，他的脸上充满微笑，这个微笑令那些对他行刑和加害他的人心里不禁打起了寒颤。

微笑是一种财富，它可以让人创造出更多的价值。世界著名的希尔顿饭店曾经有一段时间门庭冷落，鲜有顾客光临，原因是饭店工作人员的脸上都是冷冰冰的，没有一丝笑容。

后来，经过彻底的改变，员工们用真诚的微笑迎接每一位顾客，最终使得希尔顿饭店跻身世界知名饭店的行列。希尔顿是这样，零售业巨头沃尔玛也同样是这样。他们都有“三米微笑”的工作原则——在三米之内，他们就开始了与顾客的眼神交流，并微笑着问：“您需要什么帮助吗？”可以毫不夸张地说，希尔顿和沃尔玛的世界地位是与他们的真诚微笑分不开的。

微笑是一种征服别人的武器，它拥有超强的魔力。美国总统奥巴马不但用自己的微笑征服了自己的政治对手，还征服了美国人民。他的微笑被人们亲切地称为“奥氏微笑”，并在不同国家的各个行业中广为传播和学习。

那么，他的微笑究竟有什么魔力，能够令全世界的人们倾倒呢？答案不置可否，是那一道道的皱纹。那些皱纹就像是雕刻家精心雕刻上去的一样，优美而充满力量。

它向人们传递的不仅仅是一种微笑，更是时间和岁月的一种磨砺。它代表了丰富的经验和阅历，真诚的态度，博大的胸怀和满腔的自信，所以，奥巴马赢了。他用自己富有魔力的微笑，不但赢得了美国人民的心，也赢得了世界人民的心，这就是微笑的力量。

以上所说的都是真诚的微笑所带来的有益效果。除此之外，可以说，微笑还是对别人的一种安慰，传递给别人的一种喜悦，展示给别人的一种浪漫。但是实际生活中，不是所有的微笑都是真诚的，通过仔细观察就能发现，在一些人的微笑中，你只看到他们的嘴唇动了动，眼神中不是没有表情，就是透露着冷漠，而且他们的脸部肌肉僵硬得就像是一块千年不化的冰。

还有一种微笑是这样的：虽然嘴角向上翘起来，但给人一种很僵硬和牵强的感觉。这就需要仔细揣摩他的眼神，如果他的眼神迷离，就表明他的微笑是装出来的，是带有欺骗性的，目的就是要骗得你的好感、信任或是同情。

对此，我们一定要分辨清楚，绝不能被迷惑。

曼彻斯特都市大学心理学系的戴维·霍姆斯博士通过研究发现：真诚的微笑需要动用脸部尤其是眼睛周围的多块肌肉，这有助于加强感染力，同时，微笑也有反馈效应。如果“深度”微笑，多会取得积极反馈；“淡淡”笑意，多得不到回应。所谓“深度”微笑就是指的“奥氏微笑”，即脸上布满雕刻般的皱纹，露出洁白的牙齿；“淡淡”微笑，则是指那种除了嘴角动一动，脸上再没有其它什么表情的微笑。婴儿之所以讨人喜欢，很重要的一个原因，就是因为他们频繁而纤尘不染的发自内心的笑（社会调查统计显示，婴儿平均每天会笑 600 次）。

因此，在社交中，只要仔细观察对方的微笑，就能发现他们的真诚度，从而做出正确的选择，同时也不至于被虚假的微笑迷惑了双眼。

4

真笑与假笑的区别

人的笑容有真假之分。真笑就是发自内心的笑，人们发笑是受到了一定刺激的表现，比如人们在看喜剧小品时会情不自禁地发笑，以及人们心情愉快时的眉飞色舞，都属于真笑的表情。此外，有些人为了敷衍别人或者伪装自己的内心，会生硬地从嘴边挤出笑容，就是人们常说的皮笑肉不笑的表情，这就是所谓的假笑。

单从情感上，往往很难辨别一个人是否在真笑。如果想更准确地分析出对方是否在真笑，必须从生理上加深认识。一名解剖学家曾经对人类面部的肌肉进行了详细的研究，他通过研究那些死刑犯的头颅来分析人类面部肌肉的功能，结果发现：发自内心的笑容一定会牵动两套肌肉群，第一套是颧骨肌肉群，它能使人张开嘴巴，露出洁白的牙齿；第二套肌肉是环眼肌，它的收缩能使眼睛眯起来，并出现笑的鱼尾纹。环眼肌受到情绪的控制，颧骨肌肉群受意识控制，所以人们在假笑时，颧骨肌肉群会使人张开嘴巴做出笑容，而环眼肌不能被牵动，因而眼部不会有笑容的表情。

假笑是表里不一的表现，往往是出于无奈或者讨好别人。辨别真笑与假笑对于了解一个人的真实内心有很大的帮助。如果一个人只是看到别人露出了笑容，就以为那是讨好的信号，就可能会导致一场误会。比如一个人去相亲，对方是一个很有魅力的女子，并且一直对着他抿嘴而笑，他的心里会变得异常激动，觉得对方对自己很有兴趣，于是兴奋地侃侃而谈。可是，这名女子只是微笑着注视着他，并没有其它的表示。这表明对方对他并没有兴趣，仅仅是出于一种礼貌才保持抿嘴微笑的动作，这种笑容并非是发自内心的开心，只是一种形式上的笑容。

无论假笑多么让人不悦，生活中的假笑还是会不断涌现。即使是演员们技巧高超的假笑，也总是给人一种不自然的感觉。虽然他们是表演的专家，但是真实的笑容永远是来自内心的真实情绪，而不是高超的技艺。那些假笑即使再完美，也会由于缺乏真实的情绪而表现得不是太谨慎就是太夸张，或者是展露出了笑容而被身体的其它部位出卖。在日常生活中，人们虽然不用像演员那样表演各种各样的假笑，但是也需要适时应付一下，以示对他人的尊重。照相时，人们喊出的“茄子”就是表演假笑的最典型的方式。如果此时摄影师很长时间没有调好镜头，人们的笑容就会消失或者是僵在脸上，面部肌肉也会很累，这时的假笑特征就会变得很明显。

真笑与假笑的辨别，不仅可以从面部的表情中辨别出来，还可以依照具体的情况推断出来。如果一个人遇到到了十分搞笑的情况，却只展露了三分的笑容，则表示他不是神经有问题就是在假笑，或者是他根本就不明白别人为什么笑而只是随声应和一下而已。同样，一个不是很好笑的事情，有的人却捧腹大笑，则表明他也是在假笑，因为他得表演得太过于夸张了。

FBI 表示，只要人们能够仔细观察，就可以很快地掌握分辨“真假”笑容的能力。有一种方法可以使你尽快地掌握到假笑的表情方式，就是仔细观察周围的人，并以他们的关系与对彼此的感觉作为出发点，来观察他

们打招呼时的笑容类型，这样就可以从中总结出真假笑的区别。比如：你认识两个彼此关系并不好的人，如果仔细观察他们在公众场合对彼此的发出的笑容，就能了解假笑的特征。FBI 工作人员总结出快速辨别真假笑容的方法：观察对方的嘴角上扬的方向，如果嘴角向眼睛的方向上扬表明是真笑；如果嘴角被撇向耳朵的方向，而眼睛看不出任何的变化，这说明是一种假笑或者是一种“礼貌性”的笑容。

第六章　头部：

FBI 告诉你头部动作变化背后的伪装

1

头部动作所对应的心理变化

社会心理学的先驱库尔特·勒温曾这样说过："头部动作是人类表达内心世界最直白的信号之一，通过头部动作可以很清楚地辨别出人的内心变化。"同样，FBI 凭借多年的工作经验也得出一个结论：疑犯的头部动作能够反馈出一些对破案有价值的信息，并对迅速侦破案件起到了推动作用。不仅如此，FBI 还对头部动作作出了分类，以下每一种分类的背后都蕴涵了普通人难以察觉的心理变化：

（1）把头歪在一边

在 FBI 眼里，把头歪在一边表明了这个人默认、服从的心理状态。一个人把头歪在一边通常表示他不会给人带来威胁和攻击他人，而这就容易让人对这个人放松警惕，但 FBI 却能从中获得一些有价值的信息。

1980 年的一天，FBI 探员布朗·蒙特拉和同事正在对一名德国女间谍进行审讯。蒙特拉早就得知这名女间谍不是等闲之辈，于是他做好了与女间谍进行周旋审讯的心理准备。据 FBI 总部传来的可靠消息，这名女间谍通过微型摄像机偷拍到了美国一个军事基地的图片，而蒙特拉和同事的任务便是从这名女间谍口中挖出她拍摄美国军事基地的阴谋和计划。但是，

这个任务似乎相当艰难，因为女间谍表现得相当冷静和狡猾，她声称微型摄像机不是她的，而她对拍摄美国军事基地一事更是矢口否认。

蒙特拉感觉再这样问下去也不会有什么结果，于是他决定停止对女间谍的审讯，转而对那台微型摄像机和那些被拍摄到的照片上残留下来的指纹信息进行比对。比对的结果令蒙特拉及其他参与审讯此案的探员们非常兴奋，因为结果证明那台微型摄像机和照片上的指纹都是那名女间谍的。掌握了这一证据，蒙特拉再次对女间谍进行了问讯，并指出了那些指纹信息。女间谍虽然仍在狡辩，但她却不再像此前那样仰着头和探员对视了，而是把头歪到了一边。蒙特拉凭着自己对身体语言的了解和分析，判断出这名女间谍有些心虚、害怕了，这让蒙特拉等人觉得破获此案的机会来了，因此，他们紧追不放，加强了审问力度。果不其然，德国女间谍的态度逐渐软了下来，她没有再狡辩，而是把窃取美国军事基地的阴谋和计划和盘托出了。

（2）把头低下

FBI 的探员们发现，疑犯把头低下，代表他（她）正缺少自信，缺乏为自己辩解的理由，或者说他（她）正到了无路可走、山穷水尽的地步，在考虑着是否要向办案人员坦承相告，争取从轻处理。FBI 联邦探员约翰·托马斯说："在疑犯低头的瞬间，他的心理防线就在慢慢瓦解，这个时候就是对办案人员最有利的时机。"

其实，当人们在对某件事情表示否定的意见或不满的态度的时候，通常也会把头低下。而在与人交谈的过程中，你如果发现对方不注视你，这说明你表述的某些观点没有被对方认可。通常，人们在感觉到这一点时，也都会把头低下来，以转移注意力和躲避尴尬。美国社会心理学家马斯洛认为，这个时候应该及时调整自己与对方的谈话内容，而不是将头低下，因为这是一种不自信和失败的表现。

（3）摇头

美国人本主义心理学代表人物之一戈登·威拉德·奥尔波特曾说："摇头是人们表达否定信号最直观的头部动作。"人们在面对自己不喜欢的人或事的时候，会把头从一侧转到另一侧，而这个动作就是人们内心不满情绪的外在表现。因此，摇头的人通常会说："我不赞成这个决定"或"你不能那样做"等否定的话语。

在大多数时候，摇头这个动作主要是表示拒绝和反对心理，即否定态度。从世界范围来看，这基本具有通用性。不过，仍然有一些国家和地区会用仰头这样的头部动作来表达对人或事的否定态度。比如：在希腊和土耳其等国家，当那里的人们听到和自己相背离的想法和决定时，便会习惯性地用仰头来表达拒绝和反对。尽管在审讯的过程中，犯罪分子的摇头动作也是表示否定，但办案人员却可以从中摸索出一些有价值的破案信息。

在美国加州发生的一起军火走私案中，FBI 就通过疑犯摇头的动作找出了有价值的线索。一位军火走私商人被 FBI 捕获，从掌握的资料来看，他与一个国际性特大走私团伙有着非常密切的关系，于是 FBI 想通过他挖出这个走私团伙。但是，该军火走私商人却矢口否认自己走私军火的行动。在这种情况下，FBI 突然想到一个巧妙的方法。他们故意把事先已经确定的走私分子的照片拿到这名走私商人眼前，让他指认照片中的人是否正是走私团伙中的成员。这名走私商人看了照片后，连忙摇头。FBI 高级探员马文·卡林斯认为走私商人的摇头动作表明了他是在撒谎。因为从他前面的强硬态度来推断，只有当照片中的人是真正的走私分子时，他才会摇头，

而摇头当然是为了隐瞒和包庇走私分子。

然而，在对身体语言颇有研究和把握的 FBI 面前，疑犯任何一个身体动作都有可能成为出卖他们自己的语言信息。FBI 始终认为，不管外在的环境和变化多么复杂，人的身体语言总是有一定规律的，尤其是作为人体“指挥官”的头部。即便是再狡猾的犯罪分子，FBI 也能从他的头部动作中发现一些有价值的信息。当然，头部动作不能作为侦破案件的唯一标准，不过它却可以为 FBI 破案带来意想不到的帮助。

2

头发和性格、心理之间的关系

头发具有重要的装饰作用，对于大街上形形色色的俊男靓女来说，每天在头发上花费的精力只会多不少会。而柔顺亮丽的发质，也确实可以使人更具魅力，从而在生活和工作中起到积极的作用，至少每天也会感到心情舒畅。此外，头发还可以对头部起到一定的保护作用，虽然不能使头部避免硬物撞击，但也可以起到一定的缓冲作用。不过，心理学家显然对这些并不感兴趣，他们更为关注头发和心理之间是否存在联系。经过分析研究，心理学家得出了肯定答案。

一、发路线和性格之间的关系

大多数人的头发都会自然分向两边，即使头发很短甚至秃顶，这个发路线在生理上也是存在的。当然，发路线的位置各不相同，而要想了解其中的奥秘，就要从人的大脑结构入手。人类的大脑，左半边分管情感，右半边分管逻辑，由此可以判断：如果一个人的发路线在右，而大部分头发垂向左边，那么此人的性格则以感性为主；反之，则说明此人的性格以理性为主；而如果一个人的发路线不偏不倚，刚刚在头顶中间，头发平均分向两边，那么说明此人的性格总是在理性和感性之间摇摆，很难定性。此外，

心理学家还表示，一个人的发路线越是清晰稳定，他的性格特点就越明显。

二、头发上的静电和性格之间的关系

实际上，人体中时刻存在电流运动，只是程度保持在一个合理的范围内，很少有人可以感觉到。但如果一个人长期在高压下工作生活，包括超负荷的脑力和体力劳动，致使身体虚弱、情绪低落、紧张焦躁等负面情绪出现，那么此人的身体带电量将会大幅增加。而身体机能的自动调节系统，将会把这些剩余电量排出体外，于是，处在身体最末端的头发首当其冲，其主要表现为：干燥、蓬松、杂乱、不易归拢等。心理学家提示：如果头发带电现象严重，不宜采用增加洗涤次数或使用洗发水等物理方法处理，而应找出性格中的负面因素，消除内心当中的不安。一旦心态平和、不骄不躁，头发中的静电自然就会慢慢消失。

三、头皮油脂分泌和性格的关系

健康的头发看上去油光闪亮，因为发根为头发提供了充足的水分滋养。而一些人的发根却会向头发供给大量油脂，这会造成头发脱落，头皮发痒，甚至出现一些过敏症状。心理学家通过研究发现，头皮油脂分泌过旺除了生理作用以外，心理恐慌也是造成这一现象的重要原因。对此，心理学家提示人们：增加洗涤次数和药物疗养并不是调节头皮分泌过旺的最佳方法，而是应该正确处理造成心理恐慌的事件，使恐慌心理得到有效缓解，最终做到心态平和、坦然处世。如此一来，头皮油脂分泌自然会恢复到正常状态。

四、头发脱落和性格之间的关系

除了生理原因，造成脱发的心理原因也可以说是多种多样，但其中最主要的一点就是行为人的心情低落。这类人可能是因为感情或者事业突然陷入低谷，继而使心情从一个相对高涨至少是平和的状态忽然跌至谷底。

这个时候，身体机能为了适应各种生理需求的变化会做出一定的调整，头发作为人体最大的附属物质，可能有一部分营养供给会被“节流”，脱发现象也就随之出现了。对此，心理学家指出：生活才是心理活动的最大载体，而工作、事业、财富以及感情，都是生活分工的细化，属于生活附属“产品”。因此，避免本末倒置，坦然面对生活是调整心态、解决脱发现象的关键所在。

五、头屑和性格之间的关系

头屑的产生，主要是受心理活动的影响当行为人长时间压制身体的某种生理渴求或者情感需要时，头屑就会自然增多，可以说这是一种由于外界或者自身压力而造成的生理反应。头屑分泌过多，会造成日常生活中的不便，因为头屑分泌会伴随不同程度的头皮发痒，所以，抓痒和掸落肩上头屑会使行为人感到十分困扰。此外，一个人受到的压力越大，他的头屑分泌就会越多，而对于头屑分泌所产生的担忧也会在一定程度上加重头屑分泌，从而陷入一个无法自拔的恶性循环中。对此，心理学家表示：合理满足自身欲望是减少和杜绝头屑产生的有效方法。退一步讲，行为人即使不能在物质上得到满足，同样需要学会放松心情，保持良好心态，这对身心健康非常重要。

头发不自然，或“怒发冲冠”，根根直立，时刻给人精神抖擞的感觉；或软弱无光，像一堆烂草叶；或其中一绺头发和其它头发不一致，要么高高翘起，要么死死趴在头皮上。这种情况比较复杂，心理学家指出：这同样是因为某种内在需求被扼制，从而致使体内各种供需关系失衡。事实上，每个人的思绪都是由理性和感性所构成的，人们在日常生活中需要面对不同的事物，有些事情需要感性，而有些事情则需要理性。只有这种关系达

到了平衡，行为人的心态才可能处于平和、宽松状态。而一旦这种关系失衡，头部作为理性和感性的分管区，附着其上的头发状态便可能出现紊乱。对此，心理学家表示：理性和感性实际上是水乳交融、相辅相成的，任何一个人都不可能是理性或感性单方面的独立化身。因此，客观看待理性和感性，正确运用于现实生活中，同样需要心理学的帮助。

六、头发过早变白和性格之间的关系

白发同样是影响人们外表和心情的重要因素，如果说老人的白发是自然规律的话，那么很多年轻人生出白发就值得探寻一下内在原因了。心理学家研究发现：白发现象主要是受生理遗传的影响，但性格特征同样会产生重要作用。通常情况下，忧愁情绪是使头发变白的主要原因。对此，遗传学专家研究发现：即使上一代人没有过早生出白发的生理现象，但如果其心情长期处于忧愁状态，那么他的下一代过早产生白发的可能性会大幅增加，而如果这一代人仍旧长时间处于忧愁心态，那么再下一代人几乎无法避免过早生出白发的生理现象。反之，如果行为者能保持一个良好的心态，即使他过早地生出白发，在遗传基因的优化作用下，这一现象在下一代人身上也会逐渐减少，甚至会彻底消失。心理学家分析得出：遗传结果是在心理遗传和生理遗传双重作用下得来的，因此，人类的生理健康情况才会不断发生转换。对此，心理学家提醒人们：忧愁情绪弊大于利，在日常生活中要尽量避免。

七、头发光彩和性格的关系

精神蓬勃和垂头丧气往往在头发上有很明显的表现，心理学家坦言，一个人的生活态度是积极还是消极，往往从一个人的头发上就可以看出端倪。如果一个人每天浑浑噩噩，得过且过，毫无追求和进步思想，那么他的头发必定是毫无光彩的；如果一个人在生活当中有明确的目标和理想，并充满激情地将其贯彻实施，即使遭遇挫折失败也能正确分析、冷静处理，保持坦然心态，那么他的头发一定是光鲜亮丽的。可见，只要有一颗强健的“心”，即使是身体最末端的头发，也会表现出积极饱满的一面，更何况其它的身体部位和器官。因此，心理学家表示：积极乐观的心态不仅对一个人的生活和事业关系重大，即使是对行为人本身的健康也会产生很大的影响。

八、头发干枯、分叉、中断和停止生长与性格的联系

这种情况的出现主要是因为营养供应不足。值得注意的是，干燥、分叉、中断和停止生长对于头发而言是一个不断恶化的递进过程，这也为人们调整心态和使用技术方法保护自己的头发提供了条件。而从发质问题来看，这是一种综合性的性格缺陷，同时也是最严重的一种。如果要解决这种发质问题，行为人就必须要对自己的性格进行“抽丝剥茧”般的分析，倾听自己的内心话语，合理满足自己的心理需求，与此同时，健康的膳食观念也很重要。

此外，心理学家还发现：头发的粗细、疏密及柔软度也和人们的性格特点息息相关。这一特点虽然并不能在实际判断中起到主要作用，但其辅助作用同样不容忽视。比如：头发粗、硬、密的人通常性格比较内向，他们疑心重，脾气也不好，但却富于行动力，能够很好地组织和执行某项具体任务。不过，这类人的情商通常比较低，人际关系处理欠佳，对待异性更显笨拙；而头发粗、硬、疏的人则比较外向，他们通常比较自我，虽然能够很快地融入人群，但很难长时间受到众人的欢迎，因此很难交到真心朋友，事业也难有大成；头发浓密且和鬓角胡须连成一体的人，性格豪放、

狂野，富有正义感，对于不平之事敢于直言甚至出手。这类人对待朋友也是尽心尽力，简单来说，他们属于那种英武狭义之人；头发柔软、稀疏的人，性格偏于外向，他们缺乏主见却又爱出风头，所以这类人常常糊里糊涂、一事无成；头发容易卷曲的人性格比较暴躁，内心世界也相对矛盾，而且经常在处理事情的时候犹豫不决，事后也不进行认真总结；秃顶的人都比较聪明，而且善于思考，才思敏捷。虽然在形象上有所欠佳，但不可否认的是，这类人在处理事务的过程中还是很有能力的。

3

头部动作——内心世界最直白的信号

在现实生活中，人们之间除了通过语言进行交流之外，头部的姿势、动作也能起到沟通的作用。因为人的头部会随着人们不同的情绪和心理做出截然不同的反应，它们能够很清楚地传递出人们自身蕴藏的丰富内涵与内心情感的变化。或许人们会质疑，我们的头部动作都是很随意的，怎么会泄露心里的秘密呢？

对此，奥地利弗洛伊德心理研究中心人员表示：人们头部的变化是根据人的心理变化而发生的自然条件反射，它是人们反映内心世界最直白的信号之一。

弗洛伊德研究中心从研究人的头部动作开始，就对不同的人的头部姿势及心理变化做了研究总结。他们发现：当人们同意别人的观点或者是对别人的话感兴趣时，通常会把头歪到一边以表达认同或者顺从的心理。在人们的普通对话中，如果发现在一个人讲话时，对方不知不觉将头歪向了一边，说明他正在认真地思考对方所说的内容，由此可断定他对这个人讲的话很感兴趣；但是如果在一场演讲中，大多数人都低下了头，那么这可以说是一次非常糟糕的演讲。因为心理学家研究证明，低头代表人们对某

件事情表示否定和不满。

另外，心理学家在研究过程中还发现：我们平时认为最容易理解的点头和摇头，在所有头部动作中，其实是最能表达人复杂心理的信号。点头和摇头是世界上通用的肢体语言，一般情况下，点头代表对某个人或某件事的赞同，摇头则是人们否定对方的信号。但是如果在与别人的交谈中，点头和摇头时的姿势和频率发生变化时，则它们所传送的信息就不是肯定和否定那么简单。

首先，关于点头时机的选择问题。如果你刚刚讲完一个观点或者讲到了一个关键之处，他就开始点头，这说明他在认真地听你讲话，如果此刻他的身体向前倾，则说明他很认同你的观点，希望你继续往下说；但是如果在整个谈话过程中，对方确实在不停地点头，但是时机不对，或者在一句话还没有说完时就开始点头，而当谈话停顿时，对方又没有做出任何的反应，这说明对方只是在敷衍你。

另外，从点头的频率上也能判断出人的心理变化。如果在谈话中，倾听者缓慢地点头，对谈话者产生了莫大的兴趣，也愿意继续听下去；如果倾听者不断地快速点头，并且中间的间隔很短，则说明此时他对谈话者的谈话内容感到枯燥与不耐烦，他这样不断地点头只是想让对方尽快终止谈话。这就需要谈话者对倾听者的点头动作进行揣摩，读出对方的心理，从而决定是终止谈话还是改变话题。

摇头与点头的不同之处在于摇头的动作上。摇头通常是头从一侧转向另一侧，即从左边转向右边或者从右边转向左边，而它左右的动作幅度及快慢代表了不同的心理信号。

例如：一个人头部左右晃动的速度特别快，则说明此人很反对对方的看法，并且绝对不会妥协，有同对方一决高下的心理；如果左右移动的动作很慢，并且次数比较少，则说明此人正在考虑对方的做法或说法，只是心里还有所疑虑；如果对某件事还没了解清楚时就立刻摇头，则说明此人对这件事情很敏感。

英国曼彻斯特警察在一次办案时，就是通过罪犯的头部动作所传递的心理信息而找到了有价值的线索。

1985 年，曼彻斯特警察在调查一起军火走私的案件。在一次调查中，他们抓获了一名走私军火的不法商人，并得知他是澳大利亚人，同时警方怀疑他同国际军火走私团伙有关。审讯时，警察首先一口咬定他与这个团伙有关，可是这位军火商高昂着头，矢口否认。曼彻斯特警察曾经对罪犯的心理进行过详细的研究，他们从军火商的昂头动作中推断出这名军火商的确有嫌疑。

于是，曼彻斯特警察故意将几个锁定的走私分子的照片拿到这名军火走私商人面前让他指认。果然，这位商人还没看清照片就开始连连摇头，表示不认识这些人。

当警察把照片拿走后，这个军火商的眼神开始有些闪烁，对待警察也不再那么嚣张。曼彻斯特警察从这名军火商人的摇头及态度中，明显看出了他在说谎。

最后，警察们通过这名军火商留下的线索顺藤摸瓜，很快找到了其他的走私分子。

从上面的案例中可以看出，警察们之所以能够迅速地找到其他的罪犯，其实是那名军火商明显的头部动作出卖了自己的心理，使警察们很快找到了线索。军火商昂头，正像警察们所预料的那样他是在示威；而快速的摇头，

则是因为他认识照片上的人，并用摇头的动作想掩饰自己的心理。

所以，无论一个人的心思有多复杂，都能通过外在的肢体动作露出破绽。但是人的肢体动作是有一定规律的，尤其是头部的动作，它是人的心理发生变化反应最迅速的部位。“要想抓住人内心的变化情况，必须得学习如何打开头部信息这扇大门，只有这样，我们才能收获更有价值的信息。要相信，头部是人心最真实的体现。”这是美国警察在办案中所总结出的经验。

4

发型与人的性格特征

FBI 心理专家认为，一个人可以通过改变发型来改变自身的形象和精神面貌，但他却无法改变自己与生俱来的性格特征。一个人，无论男女，只要你选择的是自己喜欢的发型，那么你的性格就会通过这个发型向世人彰显出你的性格特征。

有一类人，他们会故意把自己的发型弄得很怪。对此，FBI 心理专家给出的观点是：这种类型的人大多性格外向，喜欢表现自己，希望自己的所作所为能够吸引更多人的注意。他们从来不会在乎别人的心情和感受，喜欢我行我素，只要是他们认为对的就会坚持去做，并且会始终坚持自己的立场。当然，在 FBI 经办的众多案件中，也存在这种性格的人。多年从事犯罪行为心理学研究的 FBI 专家霍普金斯说，这种性格类型的人往往给人一种有胆识、有魄力的感觉，而且他们敢于和权势对抗。这类人的行为可能会令不少人难以接受，但他们会赢得很多人的尊敬。霍普金斯认为，这种人还有一个明显的优点，但同时也可以说是一种致命的性格缺陷：他们对任何事情往往都会有自己独特的认识和见解，加上强于他人的好胜心，他们在一些事的处理上总是不够冷静，也不懂得如何去变通。

在霍普金斯看来，喜欢留一头潇洒的长直发的人，往往有着非常强的自信心，并且对成功的渴望也十分强烈，所以他们做起事来显得尤为执着。而正因如此，FBI 很乐意接受这种性格的人作为新的成员。此外，在他们看似潇洒、不拘一格的外表背后，其性格大多处于现代与传统之间，而这使得他们做事通常都不会墨守成规，但又不会过于前卫，在他们坚定的信念里，做事一向都会采取视情况而定的概念。也就是说，他们做事懂得如何去变通，这对于 FBI 来说绝对是一个优点。

经心理专家分析，那种喜欢留着齐眉短发的女人，大多属于性格比较内向的人，她们从不去追求什么流行的东西，有着较强的自主意识，所以经常会给人一种安分守己的感觉。但 FBI 却认为，其实这种类型的人并不是太保守，只不过她们为人处事都十分含蓄而已。由于无论做什么事情都喜欢力争去达到完美，所以这类人的自尊心通常都比较强，并且爱挑剔。

FBI 女特工玛丽格特·米切尔就曾经遇到过这样一位女人。当时玛丽格特·米切尔正在执行一项抓捕任务，追到一个偏僻的加油站时，那些犯罪嫌疑人却不见了，于是 FBI 探员立刻分头展开搜查，但最终没有找到那伙人。这件事让玛丽格特·米切尔很是恼火，她调出一路上的各个监控录像，依然没有发现任何有用的线索。究竟是哪里出了问题？玛丽格特·米切尔很快就找到了症结所在，一路上只有那家加油站没提供出监控录像，而且当天在加油站值班的女人说监控录像坏了。很快，玛丽格特·米切尔找到了那位女工。当时，女工正在家里织毛衣，玛丽格特·米切尔注意到这个女人留着齐肩的短发，而且在自己家中还把衣领上的扣子扣得好好的，这使得玛丽格特·米切尔立刻看透了她的性格。

玛丽格特·米切尔表明身份后并没有直接去询问女工关于监控录像和

逃犯的事，而是坐下来与女工探讨起织毛衣的事情。或许是女工对织毛衣很感兴趣，所以她对此喋喋不休。玛丽格特·米切尔一边听着她喋喋不休的唠叨，一边拿笔在一张纸上写下了自认为那伙犯罪嫌疑人从加油站逃走的情形，然后突然将这张纸递到女工面前说："太太，我差点忘记了，这是我今天来调查的问题。您看看如果没错的话，请在上面签个字吧。"女工看着看着，先是不停地啧啧着，接着就不停地摇头，然后不知不觉放下手里的毛线针拿起了笔在上面勾勾点点起来，而后又检查了一遍才递还给玛丽格特·米切尔。玛丽格特·米切尔看后，忽然从腰间拿出了手拷对女工说："对不起太太，请跟我们走一趟吧。"

后来，这位女工不得不交待出了一切。原来她果真遇到了那伙人，那伙人将他们的车停在了加油站，逃跑前为了堵住女工的嘴给了她一笔数目不小的钱，还把当天加油站拍到的监控录像带给带走了。本来这件事女工不说就无人会知晓，可玛丽格特·米切尔却从女工的发型上得知了她的性格，并巧妙地利用了她做事喜欢精益求精的个性，轻而易举就让这名女工说出了真话。

心理学家研究发现，那些热衷于波浪型烫发的人多数都性格外向，很在乎自己的外在形象，并且十分懂得如何才能够让自己的形象达到最佳的效果。FBI 犯罪行为心理专家表示，这种类型的人都比较现实，他们很懂得如何根据客观现实来协调和改变自我，从而更好地完成自己想要做的事情。而留平头的人虽然也是外向性格，做事稳重而又有冒险精神，但相对来说，他们的思想大多都很保守，也很要面子，这种人与波浪型烫发的人相比较，性格缺陷更加突出。

喜欢剃光头的人，性格虽然会温和一些，但这类人的心理往往是处于

两种极端的自我较量之中的。他们做事既胆怯又高傲，对人既冷酷又充满温情，所以经常会处于患得患失的状态，总企图以标新立异的方式改变自己，可结果却往往会适得其反。

在 FBI 挑选新成员的过程中，还有一种类型的人是他们很欣赏的，那就是头发从不分边的人。因为这种人通常都有很好的创新精神，有独立见解又思想谨慎，而且比较注意外表。一般情况下，只要不超出原则和底线，他们几乎无所不做。而最令 FBI 看重的是，这种人一旦决定去做一件事情，就一定会做到底，即便失败了也不会向对方妥协。

第七章　嘴巴：

FBI 告诉你嘴形变化的秘密

1

嘴巴不只会说话

美国心理学家威特金认为，当一个人的心理活动发生变化的时候，如果这个人正在说话，他说出的话的内容可以不受这种心理波动的影响，但是他的嘴巴所做出来的一些相关的动作却丝毫无法欺骗他自己的那颗心。

威特金的很多实验都表明：一个人生气或是内心正在压抑着某种怒气时，如果这种情绪让他对刚刚做的事情或是说的话感到惋惜、后悔，从而对目前这种结果无法接受时，他就会做出咬嘴唇的行为。威特金进一步阐释说，无论你是在社交还是与人相处中，当一个人突然做出咬住嘴唇的动作时，你就要好好想一想了，可能是你说的话或某种行为惹恼对方了。

在 FBI 特工查维斯看来，无论是上牙齿咬住下嘴唇或下牙齿咬住上嘴唇，还是双唇紧闭，有人做出这些动作都表明他的心理活动正在发生变化。很多犯罪嫌疑人出现咬嘴唇动作时，往往还会伴随一些其它的表情或特征，如果不仔细观察，有时候很容易会忽略掉这一行为。比如：两个人正在谈话时，一方咬住嘴唇后还摆出一副聚精会神的样子，好像在仔细揣摩对方话里的含义。查维斯说，遇到这种情况时就要小心了。这种人往往有着很强的分析能力，他们遇事冷静，一旦得出了判断结果，做出了某种决定，

常常会一条道走到黑。

威特金认为，一个人做出的不同的嘴唇动作往往有着不同的含义，它不仅可以让人明了这个人的性格，还可以通过不同的嘴唇动作进一步探知到对方正处于一种什么样的心理状态。比如：嘴唇出现往前撅的动作时，说明这个人正处在某种防御的状态之中，这时候如果是在跟这个人讲话就要提高警惕了；而当对方出现下嘴唇往前撇的行为时，则说明这个人对他所接收到的外界信息出现了质疑，甚至是认为对方在撒谎。

在与人交谈时，如果发现有人的嘴角稍稍有些向后——虽然这个人的两只眼睛可能还在望他对面的人，就可以知道这个人的心思早就跑到其它地方去了。他所集中听的不是他所看着的人，而是其他人。

在查维斯看来，大多数人在遇到某种紧急情况或是做出某种重大决定的时候，经常会把嘴巴抿成“一”字形。这种人往往都有着十分顽强的精神，他们在困难面前从不低头，决定了就很难再回头。而在面对这样的犯罪嫌疑人时，除非已经掌握了确凿证据，否则很难让他屈服。但这种过于倔强的性格往往也会让他们短暂地失去理性，从而导致行为上的一些失误。查维斯就遇到过一位这种性格的人。

那天，查维斯本来是要到商场买件衬衣的，可等他选好衬衣到收款台付账时，一个十六七岁的男孩从对面冲过来，一头撞到了查维斯的胸口上。男孩有点紧张，向他道了歉。查维斯见男孩安然无恙，就向他摆摆手，然后走向收银台。可是付款时，口袋里的钱包却不见了。查维斯不由心里一惊，忽然想到了那个小男孩，于是他迅速朝小男孩离开的方向追了过去。在电梯上，查维斯找到了那个小男孩，他旁边还有一个和他年龄相仿的男孩子。但等查维斯追上那小男孩时，另一个男孩却不见了。查维斯将撞了他的小男孩拉到商场的保安室，因为他的证件就放在被小男孩摸走的钱包里，所以此时他无法证明自己的身份，只好将事情的经过向保安讲了一遍。查维斯讲完，保安又对这名小男孩进行了询问，但小男孩并不承认自己偷了查维斯的钱包，说自己是来商场里和朋友一起玩的，结果跟朋友走散了，所以就在商场里转了起来。显然，这名男孩在说谎。这时另一位商场保安走过来，将一个钱包递给了这名保安，恰巧就是查维斯丢的那个钱包。查维斯瞟了一眼小男孩，发现这个小男孩往前撅了撅嘴，他不由得心里一动。

查维斯拿到钱包后看了看，证件和银行卡都完好，只是里面的钱不见了，而且据那位捡到钱包的保安讲，他当时是在低头系鞋带时发现钱包的，钱包就在他脚边上。由此，查维斯分析出这个小男孩还是善良的。于是他向保安道了谢，希望借用保安室自行处理这件事。两名保安走后，查维斯发现这个男孩仍然向前撅着嘴，而这让查维斯觉得这个小男孩的防御心理是挺强的。

查维斯并没有为难这名小男孩，只是问起了一些他的情况。原来小男孩叫琼斯，已经十八岁了，家住特拉华州东部沿海一带，目前在这里的一家快餐店做工。查维斯问到他为什么小小年纪不继续读书而出来做工时，琼斯没有回答，而是略微向下低了低头，用牙齿紧紧咬住了自己的下嘴唇。查维斯立刻明白了，自己的话或许是触动了琼斯不愿提及的伤心事。于是，查维斯立刻换了个话题继续和琼斯聊天，而随着交流，查维斯发现这个小男孩其实十分健谈，而且在快餐店的工作中好像做得还很开心。但让他想不明白的是，这个小男孩有一份正当的工作，为什么偏偏要来商场偷钱包呢？查维斯隐隐感觉到这里面一定有原因。但他依然不动声色地和琼斯聊着天，心里盘算着找个什么机会试探着问一问他。

没想到这时琼斯忽然停止了说话，将嘴巴抿成了“一”字形。查维斯看到琼斯的这一举动后，心里也开始紧张起来，看来这个孩子还挺倔强。正当查维斯思忖之际，琼斯忽然抬起来冲他轻轻一笑，承认了钱包是他偷的。原来，琼斯是因为他的朋友路易才偷的查维斯的钱包。他们的父母都在不久前发生的一场海啸中丧生了，琼斯先一步来到这里找到了工作，路易来后，他把自己身上的钱都给了他，没想到却被人抢了。他来这里其实是陪路易面试的，而查维斯的钱包是他在与查维斯相碰后从地上捡到的，而且琼斯还说，虽然他拿了里面的钱，但他却记住了查维斯的特工编号，还说他将来一定会将钱还给他的。说着，琼斯还向查维斯伸出了双手。而查维斯自然没有逮捕琼斯，不但如此，他们后来还成为了好朋友。

查维斯的这一经历就像是一场没有硝烟的战争，他并没有采取什么主动性的行为与策略，只是从琼斯嘴唇所做出的不同动作中了解到了他的内心变化，抓住了他善良的本质，从而让琼斯顺其自然地得到了自我心灵的平复，而后做出了正确的自我抉择。由此可见，有时一个小小的嘴唇动作，就会让自己的内心世界在一瞬间全部暴露出来。

2

不要忽视了隐性身份的舌头

美国心理学家发现，在研究人的面部表情时，舌头是一个不常见却不容忽视的部位。作为经常以隐性身份出现的舌头，其实同样可以发出许多种信号，而这还为 FBI 侦破案件提供了大量有价值的信息。

心理学家的研究表明：当一个人心里出现了很大的压力或是不舒服时，就会突然觉得口里很干，而受意识的驱使，他就会伸出舌头去舔一舔自己的嘴唇，以便让嘴唇更为湿润。这其实也是一种自我安慰式的行为。人们遇到让自己倍感不舒服的情形时，用舌头去摩擦嘴唇的行为是为了让自己能够冷静下来，达到一种自我情绪的调节。

还有一种露舌尖的举动，也经常会出现在 FBI 探员的审讯过程之中。美国心理学家罗杰斯认为，吐露舌尖的行为暗示出人的一种侥幸心理，这种情况每个人在生活中经常会遇到。一般吐露舌尖的行为有两种情况，一种是将舌尖向外吐露，说明他侥幸做成了某件事；但如果是张开嘴巴将舌尖吐出来后又迅速缩回了嘴里，则表示这个人做的某件事被别人知晓了。FBI 认为，在非语言行为学中，看似简单的舌头行为，其中所蕴含的意义也是极为丰富的，一定要根据具体情况去具体分析，不可一概而论。通常

情况下，吐露舌头所代表的含义是：侥幸做成了某件事情、不小心被别人逮到了、做了什么愚蠢或调皮的事情、或是正在专注于某件事。

在 FBI 中，探员詹姆森最善于捕捉犯罪嫌疑人在审讯过程中突然出现的吐舌头动作。在他所侦办的案件中，有一起十分特殊的案子。那是 1990 年的某一天，FBI 在一个写字楼的地下室里发现了一具女尸，被害人年仅十六岁（还是一名在校的学生），是被人用硫酸灌进喉咙致死的。由于凶手的残忍令人发指，所以在当地引起了不小的负面影响，而且所有媒体都紧盯警方，希望他们能够早日破案。

在这种情况下，FBI 派出了经验丰富的老探员詹姆森负责侦破此案。经过将近两个月的调查工作，詹姆森将目标锁定在了被害人生前的化学老师比利奥斯身上。但是出乎詹姆森意料的是，在大量的证据面前，比利奥斯就是不认罪。每次当詹姆森问到关于案件经过时，比利奥斯总是慢条斯理地说："你不要问我，我一点都不明白你在讲什么。"无奈之下，詹姆森找到相关的心理学专家为比利奥斯做了心理测试。测试结束后，心理学家表示，比利奥斯的思维和普通人一样正常。这个测试结果让詹姆森越发觉得奇怪，他甚至对那些辛辛苦苦找到的证据起了疑心。因为詹姆森曾遇到过很多国际间谍，即便是再优秀的特工，在铁证面前也很难抵赖，但为什么这个中学的化学老师比利奥斯能够在证据面前做到如此气定神闲呢？

詹姆森曾不止一次面对面地观察过比利奥斯在接受审问时的表情：淡默的眼神，始终如一的面部表情和肌肉，略带沙哑的声音，而正是这些再正常不过的反应，致使詹姆森陷入了困惑。

为了弄清事实，詹姆森取出了所有审讯比利奥斯的监控录像，经过一遍又一遍的观看，詹姆森猜测比利奥森的面部可能有什么不为人知的秘密。于是他更为细致地又调查了一下比利奥森的个人情况，调查结果出来的那一瞬间，詹姆森突然明白了为什么比利奥斯在接受审讯时能够做到表情始终如一：

原来，几年前，比利奥森的脸部在一场车祸中受过伤，之后的手术虽然确保了脸部的完整，但脸部肌肉神经因此受到了刺激，所以迟钝的面目表情总是给人一种一成不变的感觉。于是在随后的审讯中，詹姆森换了一种方式，当他说到“我知道，其实对于你那位学生的死，你心里比我们更痛”时，比利奥斯无动于衷地转了转眼珠，依然是一副面无表情的样子。但细心的詹姆森却发现，就在自己话音落下之际，比利奥森的嘴唇轻启，突然伸出舌头舔了舔嘴唇。

虽然这让詹姆森心头一阵狂喜，但他依然按着自己事先准备好的话对比利奥斯进行着提示性的发问。慢慢地，比利奥斯开始出现不停地舔嘴唇的动作，他甚至还向詹姆森索要水喝，但都被詹姆森果断地回绝了。不一会儿，比利奥斯竟咆哮起来：“你这个讨厌的家伙，不要再继续问下去了，你以为我想杀掉她吗？我是那么地爱她，没想到她却拒绝了我，而且将这件事告诉了学校的其他老师。所以，我只好让她永远闭上嘴了。”至此，这件轰动一时的杀人案终于画上了一个圆满的句号。

在这起案例中，固然比利奥斯因为面部做过手术，使得整个面部表情呈现出了单一的情形，再加上他那天生的沙哑的嗓音，让案件一时陷入到了一种焦灼状态，让一向精明的 FBI 探员詹姆森也被一时间蒙蔽了。但是，经过细致的观察，詹姆森还是发现了比利奥斯伸出舌头舔嘴唇的行为变化，进而适时抓住当时比利奥斯内心出现的这种不适的压力，继续刺激他。而

当比利奥斯向詹姆森索要水喝，企图借此来安慰一下他那颗紧张而倍受压力的心时，却遭到了詹姆森的果断拒绝，这把比利奥斯寻求安慰的大门牢牢地封死了，使得他内心的不适与压力无形中被继续扩大化，最终在忍无可忍的情况之下他完全爆发了，并说出了自己为什么杀害了女孩。

FBI 探员詹姆森在成功破获了此案后曾对其年轻的同事说："如果你观察得够仔细，人的舌头在很多时候比语言更为诚实。"

3

通过嘴部动作洞悉人的内心世界

FBI 的非语言专家杰森·哈斯勒姆在给 FBI 的新探员们教授如何从形体上掌控人的心理的课程时，曾举过这样一个案例：一位年轻漂亮的女士，端坐在丈夫的身边。这时，她的丈夫正在和一位生意上的合作伙伴商谈合作事宜。不过，他们的谈话似乎不太愉快，而且女士看到丈夫还拉长了脸。或许是想缓和一下紧张气氛，这位女士站起身准备插话，谁知她的丈夫却劈头盖脸地嘲她吼了一句：“你别插嘴行不行？”而女士也不肯示弱，对丈夫说：“行，都怪我多嘴！”说完，她转身低下了头，同时噘起了她那漂亮的小嘴。但丈夫马上又说了几句好听的话哄女士，结果女士便咧嘴笑了起来。

哈斯勒姆指出，在这个案例中，从那位丈夫说妻子“插嘴”，到妻子说自己“多嘴”，再到妻子“噘嘴”，直到最后的“咧嘴”，在这其中，“插嘴”和“多嘴”其实指的不是嘴本身，而是指人嘴里说出来的话，“噘嘴”和“咧嘴”的动作才是嘴本身的变化。这位女士的嘴巴一“噘”一“咧”，反映出她对丈夫两种截然不同的态度和心理变化。哈斯勒姆指出，人的嘴巴除了会“噘”和“咧”之外，还可以做出“挑”“撇”“张”等各种各

样的动作。当然，还有一些嘴部的基本动作，比如“收缩”“凸出”“张开”等等，它们都是由上下两片嘴唇构成的，而这些嘴部姿势表示出了这个人对某人或某事的认识、看法、感受以及心理状态。

哈斯勒姆认为，这些动作和姿势其实都是嘴部的身体语言。这些身体语言远远超过了有声语言的作用，它可以“一言不发”地告诉人们，一个人的想法、感受、观点，以及这个人的心态。哈斯勒姆还指出，嘴部所表现出来的姿势和动作是很奇妙的。比如：一个人的意志坚定与否，从这个人说话时的嘴形便可以看出来。如果这个人在说话时，嘴巴抿成一个“一”字，则表示他是一个意志力坚强的人。为什么这么说呢？

事实上，在生活中不难发现，一些领导在交待下属去做某项工作的时候，通常会问：“你感觉自己能够很好地完成这项工作吗？”“行！”如果下属这样回答，就表示他信心十足，意志坚定，而这样的回答常常会把嘴抿成“一”字形。值得提醒的是，如果他嘴上回答“行”，但张开的嘴却没合上，这就要考虑他回答的可信度了。因为张开的嘴是一种由于内心惊讶而产生的嘴部姿势，意思是连他自己对自己的回答也感到惊讶。除此之外，表示内心意志不坚定的嘴部动作还有“咬嘴唇”，它表示人的内心仍处于犹豫和考虑中，思想反复，意志不坚。

另外，当人们处于失败的境遇时，也会做出“咬嘴唇”的动作，这个动作反映出一种自我惩罚的心理作用。当人的内心感到羞涩时，同样也会做出“咬嘴唇”的动作。不过，这种动作通常多出现在女性身上，会给人一种可爱矜持的感觉；但如果出现在男人身上，给人的感觉可能就比较别扭了，说不定还会让人以为他是同性恋。

此外，还有几种借助嘴这个部位来表达意思的动作。它们虽然不是由嘴这个部位独立所做出的动作，但却是必须借助嘴这个部位才能准确表达出意思的动作。比如：一个人在交谈中突然用一根指头竖在鼻子下面挡住嘴唇（也有伸两根指头挡的），这就是一种借助嘴来表达意思的动作。那么，它到底意味着什么呢？FBI 探员大卫·弗朗尼认为，这其实就是说谎的一种下意识动作——挡嘴。所不同的是，“挡嘴”除了说谎外还有另一种意思，即提醒对方注意什么。弗朗尼指出，FBI 探员在执行某个任务时，当其中的某个探员突然感受到某种威胁或发现一些突发状况时，他通常会对其他一起行动的探员做出这种“挡嘴”的动作，意思是提醒自己的同事要格外注意安全，或者不要发动声响，又或者停下来观察一下动静和情况，再继续行动。

美国心理学家桑代克还指出，这种“挡嘴”的动作在日常生活中同样实用。比如：两个职员正在议论某个人或公司的是非，其中一个人突然看见公司的领导走了过来，这时他就会伸出手指头在自己的嘴唇边上一挡。另一个人虽然没有看见领导走过来，但他会立即明白“有情况”发生，于是便会停止议论。另外，“挡嘴”还有要求对方为听到的话保密的意思。比如：当某个人将自己的心事或者秘密告诉给了一个朋友之后，他会紧接着做出“挡嘴”的动作。意思是：“这件事情一定要替我保密哦！”而朋友听了之后，也会根据语境理解这一层意思。

值得一提的还有“捂嘴”的动作。“捂嘴”除了有“惊讶”和“隐藏”的常见意思之外，同时也适用于拒绝对方的情形。如果一个人在交谈过程中十分讨厌对方的大嗓门，想要提醒对方嗓门小一些，但又不好明说，这时就可以把头后仰，并做出用手捂嘴的动作。这个动作会产生一种较好的效果——这种动作会给对方传递一种你不想再听他说下去的意思，而当他

领会到你的这种态度和心理时，便会从他自己身上找原因。当然，这种“捂嘴”的动作不是随便可以使用的，尤其是在谈判中，只有当你处于优势或占主导地位时，你才能用这种动作提醒对方。如果情况相反，那么对方很可能拂袖而去。

总之，FBI 的心理学家、身体语言学家以及 FBI 联邦探员们一致认为，了解了嘴部的各种动作、形态以及借助嘴所做出的动作之后，就能在与人交往的过程中，通过对方的嘴部动作，准确地领悟对方的真实想法，看清他们的内心世界。也只有掌握了这一点，与他人的交往过程中才会更加顺利。倘若你看不懂对方的嘴部动作或者对方用嘴部动作所传递出来的有声语言不便传递的信息，那么就有可能导致和对方的某次交流陷入一种尴尬的境地，影响到之后的发展。

4

借助其它的身体语言来判断“撇嘴”的含义

通常，撇嘴有两个方面的含义：一方面是行为人有撒谎的嫌疑，另一方面表示对某人或某事的不屑一顾。当然，“撇嘴”并不一定代表行为人在撒谎。为了真正弄清楚“撇嘴”这一动作背后的秘密，我们还需要借助其它的动作表情，来判断说话者是否在撒谎。

美国加州大学的心理学家通过研究表明：在社交场合中，人们说谎和被谎言欺骗的频率非常惊人。美国麻省大学的心理学家费尔德曼研究称：一个人平均每天说谎至少 25 次，当然这些谎言中也包括善意的谎言。即使善于说谎的人，也会有下意识的信号被抓住，而这种下意识的信号就是“微表情”。所谓微表情，就是说这种表情存在的时间非常短，是不受大脑控制的，如果不仔细观察是很难发现的，甚至有时候即便是你仔细观察也很难发现。由于微表情往往是在人撒谎时出现的一种自发性的表情动作，而且很难掩饰，因此，微表情目前主要是用来测谎。

加州大学心理学家研究发现，人们在说谎时，眼睛会向右上方看，或者是专注地盯着你的眼睛看，致使眼睛干燥，从而不停地眨眼睛。另外，人的鼻子也会变大。这是因为，说谎者的紧张情绪会使血液流动速度加快，

脸色变红，鼻子也跟着膨胀几毫米。虽然这几毫米难以被肉眼发现，但是说谎者会因为鼻子不舒服，而不经意地用手触摸它，所以我们经常看到说谎者总是不自觉地摸鼻子。

除了以上所提到的，说谎者还会在说谎的时候摆弄手指，或者是简短地回答别人提出的问题，故意回避谎言中提到的人的名字，而代之以“那个人”等等。

因此，在发现别人撇嘴的时候，一定要注意观察，他还有没有其它的微表情。例如：不自觉地摸鼻子或抚摸身体的某一个部位。如果发现这个人在撇嘴的同时还有以上所列举的各种代表了谎言的动作，那么这个人一定是在撒谎，不论这种谎言是善意的还是恶意的。

面对谎言，我们要作出正确的处理：对于善意的谎言，可以采取置之度外的态度；但是对于恶意的谎言，就要作出适当的反应，以免受到伤害。

撇嘴除了“撒谎”方面的含义，还表示“不屑一顾”。当一个人对某人某事感到不屑一顾时，常会做出撇嘴的动作，同时还会用斜视的目光看人，有时候还会皱鼻子。所以，要正确判断出一个人撇嘴动作后面的真实含义，就要多留意他的眼神和鼻子，只要与其它部位结合起来，就能做出准确率很高的判断。

当然，并不是所有的撇嘴动作就一定是这两个意思中的某一个。例如，在莫斯科著名的雇姆百货商场中有一个专营外贸服装的柜台，由于生意非常火爆，老板决定招聘一名临时促销员。后来，一个二十多岁的女孩应聘成功。第一天，女孩的销售业绩很不错，可是在第二天却只卖出了一件小夹克。店长很奇怪，于是就留意起这个女孩的表现。结果发现，这个女孩总在不停地撇嘴，每当她撇嘴的动作被顾客看见后，这些顾客就会在店里匆匆地转一圈，然后两手空空地离去。于是店长就询问这个女孩，为什么总做出一副对顾客不屑一顾的表情。女孩一开始很奇怪，但经过店长进一步的询问她才恍然大悟，于是她向店长解释了撇嘴的真正原因。原来，她在吃饭的时候不小心把嘴里烫了一个大泡，她撇嘴是为了减轻疼痛，并没有丝毫对顾客的不敬之意，听了她的解释店长也无奈地笑了。由此可见，并不是所有的撇嘴都代表了撒谎或是不屑一顾，有时候，它只是一种生理上的需要。

因此，在人际交往中，我们要注意克制一些不良的小动作。这些不良的小动作一方面容易给别人造成误解，给自己的人际交往造成障碍，甚至是严重的利益损失；另一方面，当我们的身体受到了损伤，使我们不得不利用一些小动作来调整自己的身体以保持舒适的时候，为了避免给对方造成误解，最好直接表明自己的伤痛，使对方明白，你的小动作只是为了减轻自身的痛苦，并不是对他有什么不敬和不满。这样对方反而会因为你的真诚、细心和坦诚，对你产生好的印象，令双方之间的交往能够达到更好的效果。

第八章　脸容：

FBI 告诉你面部变化背后的秘密

1

人为什么会脸红

面部是人体中最容易被他人视线所关注的部位，是人类身体语言传递信息的最重要的线索。脸色也是人类面部表情的一部分，脸色的变化通常能反映出一个人内心情绪的变化。FBI 探员认为：相比观察一个人的面部表情，观察脸色的变化要更容易。因为一个人的脸色是最不易隐藏的，而且这种变化维持的时间也比较长。

脸红是人类表达情绪最常见的一种颜色。FBI 表示，脸红在日常生活中往往表示一个人害羞、尴尬、愤怒或者兴奋的情绪，而 FBI 工作人员在破案的过程中，也通过观察嫌犯的脸色变化来推断其内心活动。科学家通过研究表明，脸红受大脑神经控制，人类的视听嗅觉都集中在大脑中，通常情况下，当人们看到或听到令自己害羞、激动、愤怒等的事情时，眼睛和耳朵就会将这些信息传给大脑皮层，大脑受到刺激就会马上做出相应的反应，分泌出肾上腺素，而肾上腺素会导致身体的血液更多地流进面部，所以人们的脸会变得通红。

另外，不同情绪所产生的脸红存在细微的差别。FBI 提示，在分析对方脸色寻找脸红的根源时，要根据具体的环境而定。比如，当人们初次相

见或者到达不熟悉的环境时，由于对环境陌生或者是因为参加比较重要的活动，很多人都会不由地出现心跳加速、面部泛红的状况。这类人大多性格内向，脸红的原因很可能是焦虑或者激动，而这种刺激会引起人体交感神经的兴奋，从而使人心跳加速，面部血液集中，毛细血管扩张，具体表现就是脸红。

当人们遭遇尴尬的时候，也会不自觉地脸红。有一次，国际巨星苏菲·玛索出席戛纳电影节时意外走光，当时她的脸迅即变红，表情十分尴尬。当人们遇到意料之外的尴尬之事时，脸红是一种条件反射。人们紧张所导致的脸红，通常还伴随着其它表情变化，如脸上冒汗等。人因为害羞而脸红的时候，往往是双颊微红；愤怒时，通常是满脸通红，脸色较深，同时还伴随咬牙切齿的动作。

FBI 在审讯过程中发现，很多人在说谎时也会脸红。人们在说谎时之所以脸红，往往是因为心中道德底线在发挥作用。人在说谎的时候，心理上承受着一定的压力，内心的道德底线警告自己不能做出欺骗的行为，要真诚处事。当说谎人为自己的言行而感到羞愧时，就会不自觉地脸红。脸红会让说谎者因为紧张而很难再继续说谎，即使能够继续编下去也难掩心中的紧张，使自己在情绪上处于被动地位，最终失信于人。正如 FBI 所言，脸红作为一种身体语言，表达了人们犯错时的羞愧心理。

人们因说谎而脸红的生理反应，可以从心理上约束自己的言行，对维护社会规范起到了一定的作用。人们能够通过脸红意识到自己的错误，而发现他人脸红也可以掌握对方的心理，从而采取相应的对策。通常孩子在犯错后不敢承认时，往往就会脸红，这很好判断；而成人说谎时就不容易脸红了，甚至他们为了伪装得更真实而可以做到直视对方的眼睛，并作出一副真诚的样子来骗取他人的信任。

另外，面部除了变红，还会因为不同的情绪而发生其它颜色的变化。比如：人在情绪低落的时候常常会面色灰白；对别人感到不满而即将要爆发怒气时，脸色就会发青；极度气愤时，脸色会在红色、青色之间不停徘徊，甚至还会变得苍白，让人毛骨悚然；当人们企图隐藏不想让别人知道的事情，或者是受到过度惊吓时，脸色大多会变得很苍白。所以，通过一个人的脸色来判断对方的情绪变化是很有效的技巧。

2

微妙的面部表情

FBI 教官认为，当一个人脸部的五官特征表现出来的动作行为不够明显，或是与心理学研究的结论出现背离现象时，就要及时将自己所观察到的结果抛弃，然后综合所观察对象的整个脸部的细微变化去重新考量。在 FBI 眼里，这种考量其实就是一种发现天平倾斜的过程。因为当一个人的情绪处于一种平和状态的时候，我们是很难从他身上捕捉到什么有价值的信息的，只有当他的情绪出现了某种偏差，才能从其身上观察到有价值的东西。

FBI 形象地将这种“偏差”称为“砝码的较量”，而较量的结果无外乎三种：

乐观支持的状态、冷默的中立状态、反对的状态。

（1）乐观支持的状态

FBI 认为，当一个犯罪嫌疑人对一位正在审讯他的联邦特工所提出的问题持乐观支持的态度时，说明这个犯罪嫌疑人一定是在说谎，除非他已经承认了自己所犯下的罪，或者他是无辜的。因为没有一个犯罪嫌疑人会在自己没有丝毫抵抗力的情况下就轻易地举手投降。FBI 的教官说，要判断一个犯罪嫌疑人是否在说谎，可以观察他在赞同和支持联邦特工时的面部表情，看看他是否正处于一种积极的状态。比如，脸上是否有浅浅的微笑，目光里是否有闪亮的光，面部的肌肉是不是出现了松弛的状态，鼻子是否略有抬高，下巴是不是稍稍向外伸展了，眉头是否真的呈现出了一种打开的状态。如果这些情况仅仅是在某一方面出现了，那还不能过早地就得出“他在讲真话”的结论，还要继续深入和全面地去观察。

只有发现犯罪嫌疑人确实是出现了正面的积极的状态后，才可以宣布他是无辜的。至于那些真正的犯罪嫌疑人，要让他的情绪真正被搅动起来，从而进一步观察他们面部表情随之而出现的特征变化，才能够做到去伪存真。

（2）冷默的中立状态

在 FBI 探员们的调查取证中，他们遇到的这种持中立状态的人是最多的。而在审讯犯罪嫌疑人的过程中，犯罪嫌疑人面部所提供给 FBI 探员的这种中立状态的信息很多时候都是带有欺骗性质的，尤其是那些心理素质极高的间谍，经常会摆出一副无辜的样子，对 FBI 所提问的内容流露出一种事不关已的表情。

这时，FBI 要做的就是如何来打破这种僵持中的平衡，也就是打破犯罪嫌疑人心理情绪上的平衡。因为只有在失衡的情况下，一个人才容易失误，从而露出破绽。

（3）反对的状态

这种情形基本上每一位 FBI 探员都遇到过，这其中存在两种不同的情况：一种是真正无辜的人，另一种就是假装无辜的人。FBI 特工维里亚认为，要分清这两种情况其实并不难，因为判断一个人是否在说谎，只要仔细观

察他的面部表情是不难得出结论的。

比如：当一个人心情极度糟糕时，他首先就会睁大眼睛，随后瞳孔迅速扩张。接下来，这种就会迅速被传输到大脑，大脑支配其它的感觉器官做出与之相对应的表情，如咬牙切齿、鼻孔突然张大、呼吸变得有些急促，而当这种情绪扩大到他的内心无法承受时，他就会去寻找一种减压或释放的行为。

维里亚说，如果这种释放行为是受内心的真实情况支配，那么他身上的毛孔就会出现突张的形态，他的神情会是自然的；如果是刻意而为，那么即便是受过严格训练的特工或技艺高超的演员，他面部的表情不是显得过于夸张，就是面部肌肉的动作显得有些僵硬。只要认真观察，总会找出其中的破绽。而心理学家纳齐斯·阿赫通过他的研究，进一步证实了维里亚的这一观点。他指出，一个人发自内心的自然反应与假装时大脑对面部及肢体发出的指令，二者在时间上是存在差异的，其肢体或面部肌肉所做出的回应也是不同的。前者是自然的，思想与他所做出的非语言行为几乎是同时的；而后者所表现出来的非语言行为往往是脱节的，甚至是不协调的。

在捕捉犯罪嫌疑人面部表情所显示出来的符号时，FBI 的特工们更为倾向于对方出现的消极性的表情，或是那种被极度扩大后的积极意义上的表情。

如果犯罪嫌疑人的情绪未能达到他们所需要的状态，FBI 就会根据犯罪嫌疑人面部所流露出来的信息刻意扩大或制造出有利的条件，将对方的情绪充分调动起来。这是因为，当一个人的内心产生厌恶、恐惧、不愉快、反感和气愤情绪，或是处于一种极度亢奋、高兴、得意的情况下时，其行为或语言都会出现失准，从而致使他在潜意识的驱动下流露出内心最真实的意图。

维里亚还说，当犯罪嫌疑人出现这两种情绪（积极与消极情绪）时，如果其所表露出来的面部特征不明显，那么作为一个细心的观察者，就要通过其它辅助性的肢体行为去验证，比如四肢或脚部所透露出来的非语言行为。

3

不同脸型所代表的不同性格

虽然说外貌是天生的，但俗话说“相由心生”，后天环境的影响和自身的品性气质都会在一定程度上改变一个人的容颜，也可以说一个人的外表在一定程度上反映了其内在的性格特征。美国前总统林肯曾经说过，一个人到了四十岁之后，就该为自己的脸负责。这个时候，人生的经历和个人品行都深深地印在了每个人的脸上。每个人的脸型都不会完全相同，FBI 通过经验的积累将人的脸型分为以下几类，并分析出不同的脸型所代表的不同性格特征。

圆脸的人，通常体型也显得圆满，属于丰满的类型。这种脸型的人一般眼睛细小，鼻子宽厚，而且脸上时常挂着笑容，也就是所谓的“心宽体胖”。这类人的性格就像他们的脸型一样，处事圆满，不斤斤计较，是豁达的人。他们追求实际的生活，喜欢安安稳稳地过日子，比较容易知足，不会有很大的野心。但是，由于性格温顺，极有可能会被人利用。

脸型是倒立的三角形的人，给人一种羸弱的感觉。这类人通常想象力丰富，浪漫多情，心里充满梦想和理想，但是不具备行动力。他们比较适合做设计方面的工作，可以充分地发挥想象力，制定出具有创造性的策划。

但是他们不适合执行自己的策划案，因为一旦到执行的阶段，他们往往会犹豫不决，缺乏果断的行动力。

下巴尖而窄的人和倒三角脸型的人容易混淆，但这类人的两腮比较宽，下巴比较尖。这类人比倒三角脸型的人具有更强的行动力，只要认定一件事，就会义无反顾地做下去，直到做出成绩。他们自我意识较强，做事不会顾及太多，有点思前不顾后，因此失败的几率也比较大。

脸型是正方形的人，头盖骨比较宽阔，而且下巴也向下突出，人们常常称他们“容貌大方”。这类人思维灵活，行动力较强，心胸开阔，做事充满活力，干劲十足，而且遇事冷静，能理性地面对突发状况。很多政治家、企业家都属于这种脸型。另外，这类人也具有很强的外交手段，人缘很好，而且幽默的个性也会吸引很多人。因此，这类人的运气也会比较好，不会遇到太多的挫折。

下巴宽阔的人，通常都是头脑聪明的野心家，但是他们却不擅长交际。尤其是正方形的脸，面部轮廓分明，尤其是脸颊较宽。这类人非常聪明，具有很强的实力，善于谋划，而且野心勃勃。这种脸型的女性，一般不喜欢处理家务，不能安于家庭生活，所以即便她们踏入了婚姻，也还是会以事业为重。

另外，还有一类人脑袋与下巴都是方形，脸部也是长方形。这种脸型的人喜欢做前锋型人物，适合做领导性的工作，而且个性要强，从不服输。他们总是喜欢亲自动手将所有事情料理妥当，就算别人已经顺利完成的事情，他们也要重新做一遍。常常以自己的标准要求别人，不懂得体贴他人，人际关系不良。此外，这种脸型的女性通常性格豪爽，不满足安稳地呆在家里，工作的时候也不会轻易向男性认输。

FBI 的心理学家曾经做过这样一个试验：他们找到了一批志愿者，依照每个人的脸型将他们分为几个小组，然后对他们进行提问。结果发现，脸型圆润的人对问题的回答比较随和，思想以和为主。接着，FBI 让这几组人到街头与他人进行交流，主要是搭讪或者问路。结果发现，正方形脸的人，总是能最快地问出最合适的路线；而圆形脸的人对问路方面比较迷糊，虽然也总能得到别人的帮助，但是他们却不易找到最合适的路线，而且耗费的时间也比较长。人们对这两类人的问路都没有拒绝，而下巴尖尖的三角脸型的人就有点倒霉了。当他们问路的时候，人们总是警惕性地看他们一眼，然后摆手说不知道后立即离开。即使有人愿意停下来告诉他们，也在时刻地防备着他们。

由此看来，在搭讪问题上，圆脸的人占据很大的优势，而三角形脸型的人被认为是最不适合搭讪的人。圆形脸的人总是先送上微笑，让人难以产生敌意，因此在搭讪中很容易被人接受；而三角形脸型的人在跟他人搭讪时，容易让人产生警惕性，遭到他人的讨厌。路人对这些不同脸型的人的反应，体现了人们对不同脸型的人有着不同的印象。研究证明，脸型确实在一定程度上反映了一个人的性格。FBI 在侦破案件时，也常常根据审讯对象的脸型来判断其性格特征，然后做出针对性的措施，以此来掌握大量的有效信息。

4

“红”不是脸部的唯一色彩

达尔文在《物种起源》一书中谈到，脸色变化是人类独具的一种表情，他完全不受人的支配。从医学的角度来讲，人在陌生或是重要的人际交往中，会出现紧张或是激动感，并反射性地引起人体的交感神经兴奋和甲肾上腺素等儿茶酚胺类物质分泌的增加，从而使人的心跳速度加快，毛细血管扩张，表现在面部上就是“脸红”。 可以说，这一过程完全不受大脑的有意识的控制。

从上述情况来看，脸红能反映出心理上的起伏变化，泄露人心底的一些秘密。正常情况下，人的面部色彩应该是白里透红的，这是一种看起来很健康的色彩。当然，撇开疾病的原因，当人受到一些外部的刺激时，脸部色彩就会产生相应的变化通过这种变化，我们能够洞悉别人内心的一些真实想法和感受，从而提高沟通的成效。

事实上，造成脸红的因素有很多，有时候是众多因素中的一种，有时候是多种因素的集合。那么，造成脸红的因素究竟有哪些呢？其实，最多的就是惭愧。无论什么原因，当人感觉到惭愧的时候，大脑皮质都会刺激肾上腺分泌出少量肾上腺素，致使面部发红发热。达莲娜给她唯一的女儿

取名“红苹果”，当别人问到这个名字的来历时，她总是笑着说，因为她的女儿总是粗心打翻她的颜料盒，每当这个时候，那个可爱的小公主便会惭愧地涨红了脸，看起来就像一个红红的大苹果，尽管她并没有真的责备她。

当然，还有很多不同的情况，如当人们感到害羞的时候也会脸红。这种情况也是很多见的，在各种相亲会上，你能够看到羞红脸的男士和女士；在公共场合，你会看到某个人因为突然被孤立出人群之外而羞红了脸。由于害羞而脸红的人往往是因为不自信或自卑，这种人常常是越想改变脸红的尴尬局面，越是适得其反，时间久了便会造成心理阴影，陷入困境，不能自拔。如果想要与其进行有效地沟通，就需要给予对方一些鼓励，令对方能够放松心情，从而畅所欲言。但绝不能火上浇油，令气氛变得更加紧张，这样一来，对方会完全不知所云，双方的沟通也彻底不能进行。

除了以上谈到的方面，还有一种掺杂了青色或白色的脸部色彩，这通常是因为非常气愤。在现实生活中，我们经常会听到这样的描述：“看他气得脸上红一阵，白一阵的。”有些人脾气很急躁，容易被激怒，这样的人在被激怒的状态下，脸部的色彩往往是红一阵、青一阵，有时候又转为苍白。从医学角度来分析，这是因为肾上腺素一阵阵的大量分泌，促使血管收缩，出现交替充血、贫血或使血管较长时间地处于贫血状态。面对这种情况，最好的解决办法便是要保持平静，就像太极拳中讲到的“以柔克刚”一样，用平静来克制愤怒不失为一个好的方法。当然这并不是唯一的解决方法，在不同的情境下，还需要根据具体情况来分析。例如，有些脾气急躁的人在愤怒的时候，就需要别人用更加激烈的手段才能令其平静下来；而有的人则需要将体内的愤怒情绪转化为一种肢体的动作，如摔东西、撕废纸等；还有一种人是用外表的平静来掩饰内心的愤怒，除了脸色阴晴不定的变化，肢体上的微微颤抖之外，并没有其它外在的表现。

可以说，正确理解和分析别人脸上透露出来的颜色，是提高我们的交际效率、保护自己不受欺骗和伤害的有效途径之一。当然，保持一个好的、健康的脸色，也同样重要。

第九章　习惯：

FBI 告诉你日常习惯背后的心理玄机

1

行为习惯中的潜意识

美国心理学家华生表示，一个人的下意识动作往往能够表露其内心的真实想法。尽管人是最具有理智的动物，最能够控制自己的意识，但是人却仍然不能控制来自潜意识的动作。比如，当人感到惊慌时，就会无法抑制内心的激动，会不由自主地发颤或者是握紧拳头，甚至全身都会变得僵硬，以致再也无法控制自己的行为。

人们通常都是用手脚动作来表达自己的感情的。很多人在隐藏真实的情绪时，往往都只顾伪装面部表情，从而忽略了手脚的动作。这时候的动作往往是来自于潜意识的真实想法，是将感情转化为行动的结果。这些动作都是在无意识的支配下进行的，人们常说的“无意识”通常就是指心理学中的潜意识。人在意识的控制下所作出的动作往往具有一定的表演成分，具有炫耀、掩饰的目的，而潜意识的动作往往是发自内心的真实想法或者是本能的反应。正因如此，通过观察一个人潜意识的习惯动作，往往就可以获得其内心的真实感情与想法。

一个人的习惯动作往往来自于潜意识，通过观察他日常的行为习惯，往往能够更准确地了解他的性格、情绪特征。比如，有的人在打电话时会

习惯性地把玩电话线，这种动作是由潜意识支配控制的。如果你问他“你为什么在打电话时把玩电话线呢？”对方肯定会说“不知道”或者骂你一句“无聊”。这种动作虽然没有经过思考，却具有一定的意义。如果你留意生活中他人的行为，你会发现很多人在感到紧张时，就会不由自主地比手画脚或者是把玩手上的物件，其实这是人们宣泄内心压力的一种习惯方式。另外，当人们感到厌倦、不耐烦的时候，也经常会出现一些琐碎的小动作。比如，你去朋友家做客，虽然对方很热情地与你交谈，但是你却发现他开始不停地弹烟灰或者是用手不停地把玩手里的遥控器等物品，或者是做一些其它事情，这时你最好识趣地离开。这些没有什么目的性的潜意识行为告诉你，他已经没有继续聊下去的兴趣了，你该走了。当两个人的交谈进入最高潮的时候，如果一方出现摸鼻子、摩挲脸部或者是弹指等与交谈无关的动作，这表示他并没有认真地倾听对方，或者是反对对方的观点，这种来自于潜意识的动作是表示厌烦对方的一种表现。

另外，潜意识的一些小动作也是在向他人表示企求的行为。比如说，一些孤独寂寞的独居老人经常性地玩弄一些小东西，这是他们在传达需要他人相伴的信息。如果人们不了解这种行为背后的意义，就会对他们的行为感到迷惑不解。

很多时候，人们会做出一些莫名奇怪的行为，让自己也感到出乎意料。比如，买东西时忘记付钱，或者是付完钱后忘了拿走东西。心理学家弗洛伊德就经历过这样的事情：有一天早上，他在每天吃早餐的地方，没有付账就直接走出了餐馆。当然，这并不是他故意想要赖账，而且他也赖不了账，因为餐馆里的每一个伙计都认识他，每个人都可以向他随时要钱。弗洛伊德对自己的这种行为感到很奇怪：为什么会出现这种情况呢？经过分析，他想起来自己的这种行为可能与昨晚做的家庭财务预算有关。由于他潜意识里并不想做出付账的这种行为，所以潜意识就控制了自己那个时候的行为。另外，还有一个小故事也可以说明这种现象。一位男士在不情愿的情况下被妻子要求去参加一个聚会，他磨磨蹭蹭地打开自己的衣柜想要选礼服时突然想起要去刮胡子，当他刮完胡子回来却发现衣柜锁上了，他四处找衣柜的钥匙却没有找到。如果这时找锁匠的话也已经晚了，所以妻子只好取消了聚会。第二天，当锁匠打开衣柜时，发现钥匙就在里面。虽然这并不是丈夫故意将钥匙丢进衣柜里的，但是他的这种行为却并不是没有一点原因的，因为他根本就不想去参加什么聚会。所以，这种糊里糊涂的行为其实是人们为避免某些事情而不由自主地做出的动作。几乎所有人都有过这样的经历，即使是品性高尚的人，在碰到一些并不符合自己意愿的事情，也会做出这些无心的动作，这是人们潜意识里顺应自己意愿的一种行为倾向。

古话说："示物以用，观人以行，立见分晓。"一个人的行为习惯，尤其是走路时的习惯更能反映出他的心理特征。如果你观察两个人，就能从他们行走时各自所处的位置了解到很多信息。一般情况下，一对情侣在走路时，男士会走在女士的右方，这个是具有掌控性的位置。如果两个人的位置是一前一后，那么前面人的心理上往往占据一定的优势，有点唯我独尊的意味。相反，走在后面的人给人一种谦恭甚至唯唯诺诺的印象。

一般情况下，两个人中选择走在对方右侧的人属于支配者，在两人关系中处于主导地位，喜欢他人顺应自己的意愿，而且性格倔强，甚至有点自负。而走在对方左侧的人，往往愿意温顺地听从对方的意见，不愿与他人发生争执，喜欢与世无争。如果情侣中的两个人都喜欢走在对方的右侧，

他们可能会由于个性太张扬而产生冲突，而且谁也不会做出忍让，很有可能因为一件小事而大动干戈；如果一对情侣都喜欢走在对方的左侧，这表示双方都有顺从的一面，不愿与对方发生矛盾，他们的相处会很平静，都能为对方而考虑，会产生美好的感情；如果一对情侣一方喜欢走在对方的左侧，另一方喜欢走在对方的右侧，他们可能会成为很好的搭档，相处得很协调，彼此互补的性格能让他们的感情天长地久。

综上所述，一个人的行为习惯并不是毫无缘由地发生的，它是人们心理潜意识的真实表达，往往能够反映出一个人的性格特点。同时，一个人的行为习惯也可以进入到潜意识，并影响其个性。因此，人们在日常生活中应该注意自己的行为习惯，从而培养自己优秀的品格和良好的心理素质。FBI 工作人员在破案的过程中，也往往会从对方的一些习惯性小动作来探测一个人的真实的内心活动，从而为捕获更多有助于案件的信息。

2

额头出汗：流出的是谎言还是心情？

在非语言行为观察中，有一种并非经常出现，因而经常被遗忘或是忽略的东西，它就是从人体毛孔里流出的汗。

在 FBI 看来，出汗和人的心情有着密不可分的关系，尤其是当一个人脸部的汗出现在额头的时候。

联邦调查局专门研究犯罪心理学的专家称，除去那些因身体或食物原因而导致的出汗现象，当一个人额头或背部突然出现细密的汗水时，说明这个人的心理正处于一种高度紧张或是精神的极度压抑之中，也可能是突然之间受到了某种惊吓。一个人出汗的部位很多，比如手心、脚心、额头、腋窝、鼻尖、后背，但对于行为学研究来说，手心、脚心、腋窝、后背等部位出现的出汗现象具有一定程度的隐蔽性，所以在非语言性的肢体行为与表情研究中，FBI 更为侧重对犯罪嫌疑人额头和后背的出汗现象进行观察与研究。

或许很多人都认为，一个人突然出汗说明这个人一定在说谎，但这样的推理是存在缺陷的。心理学家的研究结果表明，人的面部、手足和后背等处的汗腺，其中有一些是受肾上腺素能神经纤维支配的，当一个人的思

维意识出现短暂的间接性的冻结或遇到突发的灾难性事件，使心里受到了惊吓而致使情绪焦急、紧张、激动时，就会引起交感肾上腺素能神经纤维兴奋，从而引发额头、鼻尖、手掌、足底、后背等部位出汗。这是一种精神性发汗，与温热作用引发的出汗有着本质上的差别。所以心理学家认为，人的这种类似于受到某种惊吓而导致的“冒冷汗”，并不能完全证明这个人就一定是在说谎。

FBI 很早就将心理专家的这种理论广泛地应用到了侦破工作中。通过多年的实践，FBI 认为，虽然可以从一个人的突然出汗行为中窥视到犯罪嫌疑人当时的心理状态，但很多时候冒汗行为的出现也具有很大的欺骗性，因为生活中大约有 5% 的人都有多汗症，会经常性地出现出汗的现象。在很多案例中，犯罪嫌疑人出现的手心出汗行为被 FBI 认定为一种具有遗传性质的障碍。所以在对犯罪嫌疑人的非语言性的行为观察中，为了更为准确地区分对方出现的突然出汗行为，FBI 更注重于犯罪嫌疑人出汗行为发生时的瞬间效应。一个人的面部发生了精神性发汗，说明他的内心充满了压力，他正处在一种极度紧张甚至是高度恐惧的状态。处于这种状态的犯罪嫌疑人大多会如惊弓之鸟，他的心理承受力此刻是极度脆弱的，很容易受到外界的干扰而影响自己的理智，而 FBI 最需要的就是抓住这种瞬间效应的时间点。

2001 年 6 月的某一天，FBI 在对一起重大间谍活动的调查中抓到了一名男子。FBI 当时只是对这名男子有很大的怀疑，并没有找到与之相关的直接的证据，更没有目击者。在审讯中，FBI 的探员采用了轮番轰炸的方式，就几个重要的问题对这名男子展开了高强度的反复审问，企图从其回答中寻找出犯罪嫌疑人出现的失误。可这名男子非常狡猾，虽然他讲话还略微带些结巴，但 FBI 的探员发现，无论翻来覆去、颠三倒四地问他哪个问题，他总是能够准确地答上来，而且思维好像很有条理。虽然 FBI 的探员从他的面部表情并没有发现什么有价值的信息，但有一个奇怪的现象引起了 FBI 探员的注意，那就是在审讯中，这个男子经常会伸出左手去抓抓或者摸摸额头，然后将手放回到大腿处。

起初，FBI 探员以为这只是他的一种个人习惯性动作，并没有太在意。然而在后来的审讯中，FBI 的探员再次发现了一个情况，那就是每次在审讯完这名男子后，他左边大腿的裤子上总是有一片亮亮的。细心的 FBI 探员对此留了心，进而发现每次接受审讯时这名男子总是穿着那条好像刚刚洗过的黑色的裤子。有一次，FBI 探员有意将文件夹弄掉在地上，借机在那名男子的左边大腿处摸了两下，这一摸非同小可，原来那名男子的大腿处竟然是湿湿的。

此后，FBI 探员特别留意了这名男子在审讯中的每一个细节，在近距离的观察中，FBI 终于明白了一切。原来，每次这名男子去摸额头时，他的额头上都出现了一层细细的汗水，只不过因为汗水太细小了，加上他的皮肤属于油性皮肤，所以不仔细看根本发现不了。紧接着 FBI 又发现，这名男子每次伸出手去触摸额头时，偏巧都是在 FBI 探员提到一个人的名字的时候，而此人就是一直被 FBI 列为头号嫌疑对象的墨菲。因而，FBI 最终认定，这名男子之所以一听到墨菲的名字就出汗，是因为他害怕 FBI 查出这个人，这就说明这名男子一定参与了这起间谍活动。后来，经过半年的连续跟踪调查与审问，这名男子终于承认了在这起间谍活动中墨菲是他的主要联络人。

由于每个人的体质不同，所以出汗时的表现也会有所不同。比如，有

的人会大汗淋漓，有的人出汗时可能就表现得不够明显。就像 FBI 怀疑的那名男子一样，他心里出现恐惧、惊慌时出汗本来就极少，他那种看似习惯性的摸额头动作和略带结巴的有条不紊的回答，一时间蒙蔽了探员的双眼。

如果不是探员从他的裤子上发现了湿潮的印迹，这条大鱼也许真的就会像他心头出现的惊讶和恐慌一样随着他额头的汗水悄悄地流走了。

3

谎言与耸肩不可共存亡

在现实生活中，人们经常会做出耸肩的动作。虽然肩膀是不会说话的，但是肩膀耸动却能道出人们内心中的秘密。绝大多数人认为肩膀耸动代表的意思是“就那么回事”，但有着多年破案经验的FBI高级探员托马斯·J·皮卡德却告诉人们：“一个人耸肩所代表的意思远远不只如此，如果对一个人耸肩的动作仔细观察，不仅可以看出这个人的性格、情绪，甚至还能看出耸肩背后所隐藏的谎言。”

在托马斯·J·皮卡德看来，倘若一个人所说的话语是真实的——也就是说这个人没有说谎，那么这个人的耸肩动作应该是自然的，并且两肩耸动的幅度、动作是一样的。但是，如果一个人所说的话语是不真实的——他在说谎或者隐瞒什么，那么这个人的耸肩动作就会不自然，并且单肩耸动，或者是两肩耸动的幅度不一样。

对此，美国心理学家华生·约翰·布鲁德斯进行了解释：“当一个人的耸肩动作不自然，并且单肩耸动或者是两肩耸动的幅度不一样时，说明这个人的内心忽然出现了一种完全不同的心理反应。这时，谎言与事实在这个人的内心里发生了激烈的碰撞，从而打破了这个人的‘内环境稳定’

当这种心理反应通过神经末梢把神经冲动传递到肌肉及其相应组织时，就会出现局部失衡的现象。若表现在肩膀上就是单肩耸动，或者两肩耸动幅度、动作不一致。”

2008 年，美国国防部获得消息：有国际间谍意图破坏美国的经济，并对国内的一家大型机构采取了渗透行动，于是国际部责令联邦调查局对此事展开调查。这件事受到了 FBI 高层的重视，他们派出托马斯·J·皮卡德进行调查。

接到任务后，托马斯·J·皮卡德立即展开了行动。首先，他伪装成一名应聘人员，顺利进入了这家公司。在与这家公司员工的交流过程中，托马斯·J·皮卡德发现了一个奇怪的现象——公司大多数员工都会做出耸肩动作，而且两肩耸动的幅度不一样，甚至还有些员工做出了单肩耸动的动作。接着，他发现公司负责出口贸易的部门经理路易斯有一个习惯：每天上班时，路易斯都会向部门中的员工询问一个问题：“你的客户有没有什么反馈意见？”大多数员工都耸耸肩，并回答道：“没有。”路易斯听后，竟然做出了单肩耸动的动作，之后便继续去工作了。

托马斯·J·皮卡德觉得这家公司的员工太过虚伪，即使部门经理路易斯看不懂这些员工的举动背后的意思，那么他也应该可以从员工的回答态度中看出员工是在敷衍自己。后来，当部门经理路易斯问及一个平时很少说谎的员工时，该员工没有像大多数员工那样敷衍经理，而是如实地将自己听到的反馈意见告诉了路易斯，然而路易斯竟然在事隔两天之后将这名诚实的员工开除了。至此，托马斯·J·皮卡德才真正了解到公司员工说谎的幕后原因。

在调查期间，托马斯·J·皮卡德并没有搜寻到国际间谍意图破坏美国的经济并对这家公司进行渗透的线索。不过，他得到了一个意外收获：这家公司的部门经理路易斯已经被别家公司收买，他经常利用职务之便将公司的产品掉包，以次充好，意图搞垮这家公司。在这种情况下，他自然会将那些尽职尽责的员工开除，而将那些工作态度消极、经常敷衍上司的员工留下。

美国情报部门通过进一步调查发现，国防部得到的消息有误。也就是说，根本没有国际间谍意图破坏美国的经济，而对国内的一家大型机构进行渗透更是无稽之谈。

虽然托马斯·J·皮卡德这次的经历只不过是虚惊一场，却再一次验证了美国心理学家华生·约翰·布鲁德斯的理论：当一个人的耸肩动作不自然，并且单肩耸动或者是两肩耸动的幅度不一样时，这个人很有可能是在说谎，或者说他在隐瞒什么信息。

由此而言，读懂肩膀耸动的内容是十分必要的。在现实生活中，人们往往因为忽略了这一动作的重要性，才会读不懂对方的心理语言。托马斯·J·皮卡德告诉人们，读懂肩膀耸动背后的信息，有可能由此读懂对方的心理语言，进而寻找出其背后所隐藏的谎言。

4

握杯姿势传达出的性格与心理特征

FBI 表示，一个人喝酒时的习惯动作往往会透露出他的性格与心理特征。在酒桌上，每个人都有自己握酒杯的姿势，只要你仔细地观察就会发现，每个人的每一个动作都在暴露自己的性格特点。

如果一名男士习惯将酒杯紧紧地握在手中，而且还用大拇指紧压在杯口，这样的男人往往性格豪迈，个性开朗，做事不拐弯抹角。他们最不喜欢那种处事斤斤计较、婆婆妈妈的人。这类人在与他人交往中，表现得很热情、坦率，因此很招人喜爱。另外，他们做事也很有魄力，敢作敢为，不过他们有时却显得很鲁莽、冲动。

如果有男性喜欢用双手握住酒杯，这表明其性格比较内敛。这种人做事严谨，逻辑性很强，喜欢琢磨问题，而且处事冷静。在与人交往的过程中，喜欢与人保持一定的距离，与朋友的关系往往处在若即若离的状态。他们的朋友不会很多，但都是能够真正交心的朋友。这类人做事喜欢按部就班，任何事都会在有把握的情况下开始实施行动。

如果一个男人喜欢将杯子紧握在手中，而且用拇指紧扣住杯子边缘，则说明其性格比较温顺，而且为人实诚，同时心胸开阔。这种人表面上给人很冷漠的感觉，但其实他们的内心感情极其丰富，能够给别人带来乐趣。这类人做事很有主见，有自己的独特见解和做事方式，几乎没有人可以使他们改变自己的处事方式，除非存在迫不得已的因素。

如果一个男人习惯用双手捂住杯子，这表明他心机很重，而且很善于掩饰自己。这类人在与他人交流中总会堆满笑容，其实他们没有一点人情味，是典型的伪君子。这类人不会轻易地在他人面前表露自己的真心，也不喜欢将自己的事情主动告诉别人。因此，他们几乎没有什么朋友，即使有也往往是出于功利性目的。

相比男性来说，女性不同的握杯姿势又有不同的含义。

如果一个女士喜欢用一只手紧握杯子，同时另一只手则毫无目的地摩挲杯沿，这表明她是一个个性成熟稳重的人，喜欢思考，而且性格独立。在任何事情上都不会轻易服输，性格也比较叛逆，但是又不会轻易地表现出来。这类人很愿意结识朋友，待人处事热情、坦率，因此人缘很不错。她们做事低调，不喜欢张扬，希望能够默默地做好自己想要做的事情。

一些女性喜欢用手握住高脚杯的底座，同时食指向前伸展，这表明其性格比较自负，有唯我独尊的倾向。在她们眼里，别人都是没有地位的。这类人只对有钱、有权、有地位的人感兴趣，而那些地位普通或者比自己差的人只会得到她们轻蔑的眼神，因此她们的人缘很差。她们做事没有责任心，遇到一点困难挫折就会选择后退，最终往往以半途而废告终。

有些女性喜欢把玩手中的酒杯，这表明其性格比较活泼开朗，自信心很强，而且是非观念很强，具有正义感。这类人在生活中通常神经大条，不会斤斤计较，对于他人的冒犯往往一笑而过。做事干净利落，从不会优柔寡断，拖拖拉拉。

一些女性喜欢拿着空酒杯在手中翻来覆去地玩耍，此类人往往比较爱慕虚荣，喜欢在他人面前炫耀自己。她们性格任性执拗，而且十分张扬。如果她们看到心动的男子就会不顾一切地在对方面前卖弄风骚，以此来吸引对方的目光。这类人在与他人交往中会有针对性地选择，她们喜欢结交有权势的上层人物，不过往往不会达到目的，因为那些有权势的人对她们这类人并不感兴趣。所以，这类女人总是独来独往，形单影只。

还有一些女人喜欢用手掌拖住杯座，一边喝酒一边侃侃而谈。这类人性格开朗，乐观向上，善于沟通，有着积极主动的人生态度。她们聪明伶俐，而且幽默风趣，有一定的表现欲望，经常会给他人制造一点小惊喜，给人带来新鲜的感觉。这类人适应能力很强，不管走到哪里都会很快地融入到人群当中，而且能够成为其中的焦点人物。她们说到做到，敢作敢为，行动力很强，而且朋友很多，所以很容易取得成功。

每一种人在每一种行为上都有自己独特的习惯。在不同的情境下，人也会偏离自己的行为习惯。在解析一个人的行为习惯时，人们应该根据特殊情境，再具体观察每一个特殊的个体，然后对比其与别人的区别，才能更加准确地认识一个人。

第十章　说话：

FBI 告诉你语言变化背后的心理特征

1

说话声音高低反映出的心理状态

美国著名的心理学家华生·约翰·布鲁德斯曾经说过：“不要小看一个人说话声音的高低，这其中可能蕴含了很多不为人知的秘密。而只有懂得认真分析，才能揭开这个人隐藏在背后的心理秘密。”布鲁德斯经过多年研究认为，人说话声音的高低与其内心的心理状态有必然的联系。通常情况下，那些充满自信的人说话声音会非常洪亮，而缺乏自信或者底气不足的人会压低说话的声音。另外，当一些人试图掩饰自己内心的紧张时，说话声音就会从高降到低；如果一些人企图隐瞒一些事情，通过说话声音也可以体现出来。

实战中的美国警察会牢记布鲁德斯说过的这句话，并将其作为成功侦破案件的有效手段。美国卡罗来纳州格林维尔城警局的人员就是这样做到的。

在 1973 年，卡罗来纳州格林维尔城往日的宁静被一阵杂乱的枪声打破。据民众报案，该市一家珠宝店遭遇不明人员抢劫，抢匪还杀害了一名试图抵抗的店员。警察局接到报案后，派约翰·布雷特赶往事发现场。布雷特封锁案发现场后便试图在四周搜寻些蛛丝马迹，可除了被抢匪砸坏的

玻璃，他没有发现任何遗留的痕迹。正当他准备离开时，在收银台的台面上，他看到了一张写有“Robbery”字样的纸条。这令布雷特感到非常疑惑，虽然他不清楚抢匪留下这张写有“抢劫”字样的纸条代表什么含义，但他还是将纸条带回了警局。三天后，该市的一家大型超市也接到报案，店主声称一伙蒙面人在晚上持刀抢劫了大约 50 万美元现金后逃之夭夭。约翰·布雷特对案发现场进行了仔细的搜索，但令他感到沮丧的是，并没有搜到有价值的破案信息。正当他为接下来如何破获案件焦虑时，他发现收银台的角落里有一个纸团，纸团上用红色笔赫然写着“exactly”。布雷特猛然想到上一次在珠宝店发现的纸条，并将两个字条上的内容联系在一起默默地读了出来：“Robbery exactly”。

“哦，上帝，字条上的意思竟然是‘抢劫到底’！”约翰·布雷特大声地喊了出来。这令他意识到，抢匪必然是个异常嚣张和狡猾的人，他们是绝不会就此停止犯罪活动的。但布雷特又不知道抢匪下一个目标会选择哪里。为了防止抢劫案件的再次发生，警方用电视直播的方式通告全市民众要做好防止被抢劫的准备，并在该市各主要商业机构，包括银行、超市、商场、服装店、珠宝店等重要场所，安排了警力进行 24 小时巡查。本以为这样做会万无一失，可没想到，在大型超市被抢劫的一周后，该市一家银行竟然又被抢劫，而且被抢的现金高达 150 万美元。此次，布雷特发现在银行的柜台上放着写有“杰克”字样的纸条。无论抢匪留下的姓名是否真实，警方都决定对名为“杰克”的人进行调查。通过抢匪多次实施的犯罪活动都在格林维尔城判断，抢匪至少是在本地居住，或者就是本地人。为此，警方调取了该市的户籍信息，结果发现，这里一共有 6 名叫杰克的人。其中的三个人早已死亡，还有一个是八十岁的残疾人，另外一个则是刚上小学的儿童。当布雷特查看到最后一个人时，其信息与抢匪作案时的体貌特征以及目击人反馈的信息十分吻合，因此他决定将其列为重点调查的对象。

第二天，布雷特和几个警员一起找到了犯罪嫌疑人的家，并敲开了他家的房门。此时的犯罪嫌疑人对于警察的到来并没有感到意外，而是非常配合地将警察引进了屋子。

“你知道我们为什么来找你吗？”

“我怎么可能知道！”犯罪嫌疑人大声地说道。

“你知道最近发生过的几次抢劫案吗？”

“我从不关注社会上的事情，这些事情与我无关！”犯罪嫌疑人依旧大声地说到。

布雷特知道这是犯罪嫌疑人采用的一种心理策略，犯罪嫌疑人想通过高声说话让自己在对话中占据上风，以便在气势上压倒布雷特。随后，布雷特又问了几个关于抢劫的事情，可犯罪嫌疑人却站起身，大声说出了“不知道”“不清楚”“与我无关”之类的话语。布雷特见嫌疑人态度如此坚决，便停止了询问。因为他清楚，与这样的对手交锋需要先弄清楚他的心理状态，然后再进行猛击，直到让他屈从。为此，布雷特从包里拿出此前在三个案发现场发现的纸条，并大声读出了纸条上的内容：“杰克将抢劫到底！”读完后，他再次向犯罪嫌疑人发问：“你如何看待纸条的事情？”

“这和我没有关系！”犯罪嫌疑人狡辩道。细心的约翰·布雷特敏锐地感觉到，虽然犯罪嫌疑人还是在为自己开脱罪责，但他说话的声音明显比以前低了很多，可见，犯罪嫌疑人的心理防线已经开始松动。于是，布雷特继续追问关于纸条的问题，而经过多次的追问，他发现犯罪嫌疑人说

话的声音一次比一次低，甚至最后低得他都听不出他在说些什么。至此，约翰·布雷特站起身，双手抱在胸前，用铿锵有力的声音对他说道："杰克！赶快供述你的犯罪经过吧，你有权选择沉默，但你所说的任何一句话都有可能被当做呈堂证词！"说完他狠狠地盯着犯罪嫌疑人。此时，嚣张的犯罪嫌疑人像被霜打过的茄子一样没了精神，口中发出了连距离他不到一米的布雷特都听不太清的声音："我交代，我坦白。"看到犯罪嫌疑人表现出如此大的反差后，布雷特知道此刻他的心理防线已经被攻破。接下来，犯罪嫌疑人承认了三起抢劫案均是由他和他的同伴所为。

其实，这个案例只是美国警察破获的众多刑事案件中的一个缩影。在大多数情况下，美国警察都能从犯罪分子说话声音的高低中判断出他们是否在说谎，从而为成功抓获犯罪分子并对其实施打击提供了帮助。那么，美国警察是怎样从犯罪分子说话声音的高低中判断出他们是否在说谎的呢？

首先，美国警察在日常训练中非常注重对心理学方面的训练，而且还会请来犯罪心理学专家对他们进行培训。在培训中，心理学家不仅会告诉警员一些权威科学的心理学常识，还会和他们进行实验，让警员通过角色扮演的方式去了解犯罪分子及其心理。久而久之，警员就会从中得到启发，并为此后的实战做好充足的准备。

其次，美国警察在日常的训练中还注意从细节方面入手。比如，他们在犯罪心理学家的指导下，对说话声音的高低进行了深入的研究和训练。或许在普通人看来，说话声音的高低并不能反映出什么问题，但美国警察却不这样认为。他们发现，说话声音的高低，在很多时候可以清楚地反映出一个人内心的心理变化情况。换句话说，说话声音的高低具备测谎仪的功能。对此，美国资深警员泰坦·伯格表示："测谎仪确实能测试出犯罪嫌疑人有没有说谎，它的准确度非常高。然而还有一种更为准确的测谎工具，那就是说话声音的高低。说话声音高是犯罪嫌疑人为了隐瞒犯罪事实或者故意转移警察注意力；而说话声音低则是犯罪嫌疑人的心理出现了波动所致，或许是他意识到自己的犯罪经过快要隐瞒不住了，于是想用压低声音的方式来逃避警察的讯问。但无论犯罪嫌疑人如何伪装，说话声音的高低已经在不经意间出卖了他们。因此，说话声音的高低确实是一种简单实用的测谎工具。"

最后，美国警察能够结合说话者所处的环境以及表情动作，分析出这个人是否在说谎。只有从说话者所处的具体环境以及说话时表现出的表情动作入手，经过认真观察、对比，才能得出对方是否在说谎。

由此可以看出，美国警察无论是在日常的训练中还是在实战中，都已经将一个人说话声音的高低视为影响破获案件的关键因素，因为说话声音的高低可以反映出一个人的心理变化，也能够由此判断出这个人是否在说谎。美国警察有时正是凭借犯罪嫌疑人的声音高低，来达到控制犯罪分子的心理的目的，并最终让其供述出自己的犯罪经过。

2

说话时的语气类型

在人们的日常交流中，语言沟通是主要途径，而语气在其中有着非常重要的作用。心理学家研究指出，人们在谈话过程中总会在无意间加入自己的语气，而这种无意识的行为会在一定程度上助推行为人的情感表达。比如，在融洽的谈话过程中，语气的加入可以让谈话气氛更加融洽；而如果是火药味十足的谈话，语气的加入很可能使交谈双方陷入冲突。据此，心理学家表示，语气往往是情绪波动的真实外在体现。行为人如果对语气和心理活动之间的关系有足够了解，不仅可以避免使用不当语气，还可以通过对方的语气准确捕捉其心理信息，了解对方所思所想，为自己做出合理的言行寻求依据，以求最终达到理想的交流效果。以下提供几个具体的语气类型分析：

肯定的语气。习惯使用肯定语气进行交流的人是非常自信的，他们对于自己的观点和行为都十分笃定。即使有人对他们产生质疑甚至反对，他们也认为这只是暂时的，相信通过自己的努力，最终一定可以赢得大家的认可。另一方面，这类人也具有一定的客观分析能力，对自身和外部环境的了解都能做到准确到位。因此，这类人在现实生活中总是可以潇洒自如、

信心满满。最为难得的是，当这类人面对成功和推崇的时候，他们同样是理性并且客观的，正如他们在面对非议、质疑、反对和失败的时候一样沉稳。

吞吐、低缓的语气。总是使用这种语气与人交流的人恐怕在第一印象中就已经给人不好的感觉，这类人的性格多数比较软弱，缺乏自信。在这类人看来，外部环境给他们造成了极大的压力，也许是因为种种沉重的负担，也许是因为身边人的优秀，他们根本没有可能在这种环境中显露自己。而实际上，无论是自信还是自卑，首先都是来源于行为人的内心。一个真正内心强大的人，根本无所畏惧；一个内心弱小的人，眼前的任何事物都可以成为他们惧怕的对象，如世俗的眼光、失败的痛苦、既得利益的冒险，甚至是一些对他们来说根本无足轻重的人和事。

委婉、细弱的语气。钟情于这种语气的人性格中自恋的成分多一点，即使他们本身丑陋，或者才智平庸，他们自己也绝对不会这么看，也根本不会这么想。如果作为一名女子，这样的语气是无可厚非的，而且很可能是一种高素质和高修养的体现，尽显她们的柔美和温婉。但是在相关课题的研究过程中，心理学家发现，为数不少的男性说起话来同样像性格温柔的女性一样，这就说明行为人的价值定位和人生追求出现了一定的偏差。这类人在具体的工作生活中，关注自己的程度也会大大多于别人和整个外部世界，如果情况严重，这很可能是一个自闭甚至略带神经质的人。

暧昧的语气。心理学家提示，暧昧的语气绝不仅限于恋人和亲人之间，很多人的暧昧语气是习惯性的。也就是说，他们无论面对什么人，无论在什么场合都会不加选择地在交谈过程中加入暧昧语气。暧昧语气可以在交流过程中消除隔阂，增进双方的感情，尤其是可以增进陌生交流者之间的

信任和好感。但心理学家警示人们，暧昧的语气除了具有谄媚、讨好、没立场、无是非观念等负面影响之外，还表明这类人不愿承担风险和责任。他们努力营造融洽的交际关系，是因为可以将风险和责任平摊给每一个人，而当不良后果产生时，这类人往往是逃得最快的。

盛气凌人的语气。盛气凌人的语气中虚张声势的成分会比较多一点，因为这实际上是一种畸形的自信，是一种建立在不自信基础上的抗争。当然，这种气势有时候也会起到一点积极作用，甚至在一定程度上达到了行为人的预期目的。而他们在实际中取得的胜利也是需要建立在对全盘的了解和掌控之上，他们需要具备扎实的功底，对自己和对手进行充分了解，并且对事情的发展规律与规则进行深度透析，然后谋而后动。所以，虚张声势无异于铤而走险、孤注一掷甚至以命相搏，即使最终成功，也是饮鸩止渴。

条件语气。所谓条件语气，就是在交流过程中习惯性地加入“如果”“假如”“假设”等条件词语的人，这类人的性格中最明显的特性就是不切实际。他们会在自己的头脑中将事情想象得几近完美，即使是一个细节甚至是旁枝末节也不会放过。不过，这类人的所有设想都是脱离实际的。他们可以将事情在纸上演化得合乎情理，完全在逻辑之内，但一旦应用于实际，他们的失败就在顷刻之间。此外，这类人面对困难和失败的能力也有所欠缺，他们很少从自身找原因，总将责任归咎于别人或环境等客观因素。不过，从另一个角度来看，如果这类人从事一些书面上的工作，他们的价值还是可以得到实现的。

心理学家经过研究发现，在人的性格形成过程中，如果可以进行一些正确的引导性语气交流，对于良好的性格形成能够起到很大的帮助作用。

尤其是那些正处在成长期的小孩，家长和老师在和他们进行交流的时候，语气技巧的运用就会显得更为重要一些。不过，因为语气形成对于行为人来讲很难察觉，而且随着情绪改变而变幻无常，行为人要想掌握一定的语气交流技巧，就必须对相关的心理知识有所了解。

信任性的语气。在行为人的成长过程中，长辈和领导往往会给出一些目标，如果行为人未能按期完成，就会伴随着一定的责备甚至惩罚。殊不知，这种促进成长的方式并不适用于每一个人，对于那些自我约束力强的人来讲，这种方式会产生适得其反的效果。很明显，目标引导方式可以使行为人的成长速度加快，但与此同时，也会给行为人带来压力。一旦目标任务未能完成，行为人的自信心和积极性必然受到打击，而这种成长一旦陷入恶性循环，对于行为人来讲，简直是毁灭性的打击。

因此，在行为人的成长过程中，指导者应该为行为人留出一定的自主成长空间，并对其发展给出一些指引。其中，最主要的一点就是要对行为人抱有信任感。比如，当行为人遭遇挫折和失败的时候，指导者可以说："没关系，我相信你的失败只是因为一时大意或者客观原因，只要你能够吸取这次失败的教训就是值得表扬的。"如此一来，行为者便会把更多的精力放在总结经验教训上，而且还会用一个比较平和的心态去迎接下一次挑战。

尊重性的语气。每个人都希望得到别人的尊重和肯定，然而，很多人在交流过程中常常忽略这一点。在家长对孩子的教育过程中，经常会听到这样的疑问："我一切都是为了你好，你为什么就是不听话？"通常情况下，问出这个问题的家长不会意识到自己有错误。如果孩子的教育出了问题，家长真的就一点责任都没有吗？答案明显是否定的。大约在 2 ~ 3 岁的

时候，人的自主意识开始形成。随着年龄的增长，每个人都会逐渐产生自己的认识和想法，这是一个必然过程，像生老病死一样，任何人都无法抗拒。然而，这种意识越是受到打击和压制，它滋长的速度就会越强烈。在 16 ~ 19 岁时，这种自我意识会全面爆发，行为人在成长过程中出现阶段性反叛也就不足为奇了。

可以说，如果不建立起一种有效的沟通方式，不能使孩子的自我意识增长得到有效排解和疏导，其成长问题根本无从谈起。其实，在沟通过程中，孩子需要的东西很简单——尊重，只要使他们觉得自己的想法得到了认同和尊重，他们一样会认可家长的观点。如果他们的观点一直受到压制、轻视甚至嘲讽，那么他们唯一可以进行反击的“武器”就是用同样的态度对待家长的观点，于是矛盾就这样产生了。对此，心理学家提示人们，成功的家庭教育必须有充分的尊重意识存在，一些家长也会看一些相关的指导书，但往往不能深刻体悟，只是做一些表面文章。由此可见，尊重在沟通交流中显得尤为重要。

3

口头语的暗示作用

在现实生活中，每个人都可能会在无意之中说出一些口头语。其实，这些口头语是人们在不知不觉中自然而然形成的一种特有的语言习惯，它可以反映出人们的性格特征、行事方法等，是人们说话习惯的一部分。

FBI 心理专家路易·帕特里克·格雷告诉人们，可以通过口头语来更多地了解对手。如果人们想从口头语中了解自己的对手，就要认真地观察对手，和对手打交道时，多花费一些心思，认真揣摩、分析对手的语言，这样一来，用不了多久，你就能够从对手的口头语中一眼看透他。也就是说，你的对手口头语能够将其出卖。路易·帕特里克·格雷介绍了以下几种常见的口头语，以及这些口头语所反映出来的性格：

（1）经常说“说真的、老实说、的确、不骗你”等口头语的人，比较在意对方对自己的评价，时刻担心对方误会自己，因而一再地强调“事情是真的，不骗你”。这些人的性格有些毛躁，十分渴望得到朋友的认可，一旦朋友对其产生误解、怀疑，他们内心就会极度不平衡，很容易因此做出一些偏激的事情。

（2）经常把“你应该、必须、必定会、一定要”放在口头上的人，

通常遇事比较冷静、理智，遇到事情不会冲动，能够从容应对。这种人一般身处高位，在企业中担任领导职位，十分自信，能够担当大任。不过，如果这种口头语说得过多，则会略显专制、固执。

（3）时常把“听说、据说”挂在口头的人，做事通常会留下一定的余地，不会把话说绝。这种人见识广泛，但决断力不强，不适合当领导。通常情况下，这种人的人缘很好，因为他们处事圆滑，时刻给自己和别人留着台阶，因此很少和别人产生矛盾。

（4）经常说“可能是吧、或许是吧、大概是吧”等口头语的人，防备心很强，一般不会把自己的真实心理暴露出来。这种人大多从事政治、外交，经常跟政府高官打交道。由于自我防卫心很强，所以他们很难被人抓到把柄。即使在事情不明朗的时候预期错误，等到事情明朗时，他们也会这样说：“我早就预计到了这一点……”因此，和这种人打交道时要倍加小心、谨慎。

（5）经常把“但是、不过”放在口头上的人，性格温和，说话委婉，不轻易把话说绝。由于这种人说话委婉，很少得罪人，所以很容易和别人打成一片。这种人通常在肯定别人的一些观点之后，就会采取转折的词语，来陈述自己的观点。也就是说，这样的人一般说话时比较有技巧，懂得为自己的观点提供保护，并且会给自己的话语留下足够的余地。

然而，这样说话的人往往会给人一种圆滑的感觉。事实上也正是如此，他们所说的话少有建设性。而且，喜欢经常说“但是”“不过”等词语的人，心中往往有着否定他人的心理，甚至是为了否定而否定，这样一来，就很容易使得原本愉快的谈话最终变得索然无味。例如下面这个例子：

安娜刚刚看完一部很有趣的电影，由于她十分喜欢这部电影，所以她想要把它推荐给自己的男朋友皮特："你看这部电影怎么样？"男友回答道："这部电影虽然不错，不过我更喜欢……"之后皮特便侃侃而谈起自己喜欢的电影，让女友安娜很不好受，最后这场谈话也不欢而散。虽然皮特说话十分委婉，但是由于他常常将"但是"挂在嘴边，就很容易让女友安娜产生不愉快的心理体验，这样一来，这场谈话当然会不欢而散。

（6）时常把"啊、呀、这个、那个、嗯"挂在口头的人，说话办事比较小心、谨慎，这种人通常是我们在日常生活中常见的"老好人"，当别人产生矛盾时经常会调节矛盾，充当中间调解员的角色。

（7）还有一些人特别爱把"我"字挂在嘴边，FBI 认为，他们是典型的以自我为中心的人。他们通常热衷于表述自我，总是对别人说"我怎么样，我最近又如何"之类的话题，而不会认真聆听别人，也不会考虑别人的感受。他们经常会打断别人的谈话，突兀地插入自己的话题。这类人内心有着强烈的表现欲，希望让自己成为人们关注的焦点，同时也有着强烈的支配欲和占有欲。

值得注意的是，FBI 心理专家还指出，一个人的口头语出现得太过频繁的话，他很有可能办事不够干练、意志不够坚定。路易·帕特里克·格雷告诫人们，若想让自己不被他人看穿，就要尽可能地减少自己的口头语——戒掉经常说口头语的习惯，才能让对方无法从你的口头语中窥探到你的内心世界。

4

说话习惯对心理活动的影响

在日常生活中，每个人都会养成固定的说话习惯。心理学家通过实验证明，从一个人的说话习惯中，也可以分析出他的性格特点。对于每一个行为人来讲，说话习惯已经融为他们生活中的一部分。在社交活动中，一些不良的说话习惯很可能会为他们带来麻烦。因此，了解说话习惯对心理活动的影响就显得十分有必要了。

顺畅的说话习惯。这类人思路清晰、语速适中、用词准确并且声声入耳，是典型的顺畅型说话方式。习惯这种说话方式的人，要么不说话，要么对整个事物进行分析研究，得出全面深刻的认识，一旦开口便滔滔不绝，且头头是道。当然，这类人也是狡辩和反驳的高手，他们善于偷换概念、打擦边球、使用外交辞令，和这类人打交道，稍有不慎，就可能会惹祸上身。因此，心理学家提示大家，说话条理清晰、语言流畅的人，内心非常强大，他们几乎认为任何事都可以通过努力完成，对自己有非常高的期许和认可度。在面对困难和压力时，这类人也总是能保持冷静和客观的思维，即使遭遇失败，他们也会重整旗鼓，东山再起。总而言之，这是一类可以让同伴庆幸让对手胆寒的人。

激进的说话习惯。激进的说话习惯是一种强势的表现，说话时语调高昂、措辞激烈、一意孤行，不给别人任何反驳的机会，而且也很少改变自己的初衷。这类人通常懒于动脑，总是寻求用最简单、最粗暴的方法来解决问题，当然，这种做法经常会使他们陷入困境。不过，这类人的性格通常比较坦诚和率真，他们表里如一，即使在压力和困难面前也从不做违心的事情。从这个角度来看，他们又是非常具有原则的一类人。一旦认准自己的目标和方向，也能够从一而终、坚持不懈，直到成功的那一刻。他们往往会为了自己的信仰和真理挺身而出，不惜抛头颅、洒热血，和一切恶势力进行抗争。

逆向的说话习惯。这类人往往沉默寡言，很少公开表达自己的想法和立场，但他们饱读诗书、学识渊博，有一整套的思想作为他们判断的依据，因此，这类人一旦形成自己的观点便绝不会再改变。所谓逆向思维，就是善于在大多数人意见保持一致时提出自己的反对意见。西方有一句非常著名的谚语——真理往往掌握在少数人手里。一般来说，一个人对众口一词的观念进行反驳，很容易让人联想到不合群、自负、清高等。但心理学家研究发现，所谓多数人的一致，很多时候会存在大部分人盲从的现象。这就造成了一种非常可怕的后果，因为一旦一个人的判断出现失误，那么由此产生的不良影响将会无限扩大，后果简直不堪设想。事后清算时，这个人要承担的责任会被无限放大，对于这个人的打击也往往是致命的。而在此过程中，有些人面对问题则始终保持独立的思考。虽然这类人往往站在人群的对面，但实际上他们的判断更有可能是正确的。

絮叨的说话习惯。所谓絮叨的说话习惯，就是指唠叨、苛责、怨天尤人等负面行为。这类人往往目光短浅、心胸狭隘，眼睛总是死死盯住眼前

的利益不放。在现实生活中，这类人也总是过于关注一些旁枝末节，在喋喋不休的抱怨声中招人反感。此外，这也是一类非常敏感的人，一旦出现风吹草动，就会像受惊的麋鹿一样立即做出反应。甚至对于那些根本与他们毫无干系的事物，也会莫名其妙地和自己产生联想。因此，这类人的命运又是非常辛劳和坎坷的。不过，他们一般都具有务实精神且精力充沛，他们谨小慎微，从不脱离实际，在进行一些具体的工作时也会比较称职。当然，如果这类人在公司的纪检部门任职，那么将是整个公司的大幸和每一个员工的“大难”。

憨厚的说话习惯。憨厚的说话习惯，是指那些有一说一、据实而述的人，他们从不夸夸其谈，也不回避属于自己的责任，更不说谎。这类人心态平和，做事认真负责、按部就班，为人诚实本分，有时甚至给人一种木讷呆板的感觉。但在实际的工作生活中，这类人却又往往是比较成功的，因为他们拥有良好的人际关系。和那些工于心计、小肚鸡肠的人比起来，性格憨厚的人总能带给身边人更多的帮助和温暖，而不是背叛和责难，所以，憨厚的人都会具有良好的人际关系，这已经是一个不争的事实。另一方面，天性憨厚的人通常都具有完美的德行，因此，他们在成为领导后会受到格外的爱戴与拥护。此外，心理学家统计发现，这类人大多数都无忧无虑、幸福安康地过完自己的一生。

第十一章　服饰：

FBI 告诉你服饰所表示的个人喜好

1

饰品里隐藏的个人性情

从远古时代，人们就开始佩戴各种饰品，这是人类传统的审美意识的体现。这种行为不仅可以美化人类的外在形象，也可以将人们的个性喜好表露无遗，它体现了人们对美好生活的向往与个人审美的选择。

随着社会的发展，人们越来越注重自己的外表形象。而对于那些崇尚自然美的人来说，浓妆艳抹令人厌倦，很多人开始从装扮的细节上来增加自身的美感。适当的装饰可以与人的容貌相互映照，运用恰当的装饰方式，可以为自己的形象加分。FBI 工作人员表示，佩戴饰品是一种“延长自我”的行为，它直接有效地反映着一个人的个性、情绪等信息。一旦这种代表“自我”的饰品与个人的内在形象不符，就会产生让人不舒服、不协调的感觉。FBI 在调查过程中通常利用一个人所佩戴的饰品类型来分析他的性格、身份，从而为案件捕捉有效的信息。

喜欢满身佩戴金首饰的情况一般容易发生在暴发户身上。那些戴着金项链、金戒指、金手镯，看上去浑身金灿灿的人，性格通常比较豪迈，但是缺乏稳重。如果只是佩戴少量的金首饰——一个戒指、一对耳环，或者一条项链，那就表明这个人的性格相对内敛，懂得约束自己，是一个原则

性较强的人。

喜欢戴银首饰的人，通常具有条理性，做事情时喜欢事先计划好，然后按照做好的计划逐步进行。他们不喜欢面对没有预料的事情，特别是在每天按部就班的工作中，他们希望能够稳妥地做好每一件事情，不喜欢做太多没有把握的事情。这种人往往具有一定的控制欲，这跟他所处的地位与本身所有的欲望有关。

有的人喜欢佩戴十字架项链等具有宗教象征意义的饰品，这类人给人一种内心具有强大的力量的印象。如果这类人不是单纯的宗教信仰者，那就说明他以自己的内在素质为荣。他们为人实际，不会去做表面功夫，所以他们在选择饰品的时候也往往不会选择具有炫耀成分的饰物，更不会为了虚荣而去戴仿真首饰。

喜欢佩戴艺术品首饰的人往往性格独特，不喜欢人云亦云，他们所佩戴的首饰主要是以手工制作为主，有的甚至还是自己制作的。他们具有很强的创造能力，多数活跃在文艺界、建筑界，而且能够取得很高的成就。

有的人喜欢时常佩戴自己家传的首饰，比如流传很久的戒指、耳环、手镯，或者是年代已久的胸饰等。这类人往往不会去买现代首饰，更不会去追逐流行饰品。他们多数比较注重家庭生活，忠于家人朋友，与这样的人交往，只要坦诚相待就一定会得到对方的真心。

有些人喜欢戴假首饰，这些人往往浑身披满假的翡翠、宝石、珍珠或者是大条的金项链，这些饰品看起来华丽丽，但都是仿真品。他们往往将自己的外在形象摆在第一位，有很强的虚荣心，而且不满足现状，对物质享受要求过高，有贪享荣华富贵的倾向。

还有一些人不喜欢佩戴任何首饰，而且也从不羡慕别人满身的珠光宝气。这种人往往很实际，不在乎自己在他人心中的形象。他们很注重生活的品质，而不是外在的虚华。这类人并不是没有能力购买首饰，他们只是更关注于内在而并非外表。

总的来说，那些喜欢佩戴价值不菲珠宝首饰的人，往往性格独立坚强，而且举止优雅；喜欢珍珠首饰的人，性格外向，不注重金钱利益，喜欢有挑战的活动；喜欢贝壳、木质等具有自然气息首饰的人，热爱大自然，热衷户外运动；喜欢做工精致饰品的人，则喜欢享受丰富多彩的生活，尽情享乐；喜欢古典风格首饰的人，往往比较多愁善感，行为传统，做事认真，眼光颇高；喜欢简约风格首饰的人，通常性格爽朗，为人坦率，说话直来直往。

FBI 工作人员在侦查案件的时候，常会通过首饰来分析被审讯人的心理特征。而且在生活中，他们也会从周围人的外在装扮中分析其内在心理，从而来提高职业能力。

鲁修是一个喜欢与同事进行工作交流的人。有一次，他在一家餐馆与同事交谈最近的工作情况，在谈话期间他们开始观察餐馆里的人，当他们意见不同时就会上前询问答案。鲁修看到餐馆内有一名穿红色服饰的人，便分析她肯定是一个性格外向，喜欢引人注意的人。但是，他的同事却不同意这个观点，说那名女士之所以穿红色服饰可能是为了出席某种特殊场合，而并非是她的个人习惯。鲁修听后表示怀疑，便上前与那名女士进行交谈，果然如同事所说，这名女士要去参加一个活动，活动要求每位参与者都必须穿红衣。这名女士表示平常不会穿这么明艳的服装，甚至觉得很压抑。走出餐馆后，鲁修问他的同事是如何看出来的。同事说："如果依照你的分析，她是一个喜欢吸引他人目光的人，那么她的身上应该会佩戴

一些饰品，很可能是非常惹眼的首饰。因为喜欢穿红色衣服的人绝不会害怕他人的注视，甚至会努力地炫耀自己。但是，这名女士并没有佩戴任何首饰，可见她个性并不张扬，而且当别人将目光停留在她身上的时候，她脸上流露出不安的表情，所以她应该并不喜欢穿红色的衣服。虽然不喜欢红色的衣服，但她还是穿着，说明一定有特殊的情况。”鲁修听完同事的分析，发觉自己的观察太肤浅了。

一个人是否佩戴首饰，佩戴何种首饰，都能反映出一个人的性格、心理特征。人们所佩戴的饰品是由性格所决定的，如果一个人能够佩戴与自己个性相符的饰品，就会给人留下很美好的印象。总体来讲，具有外向性格的人往往喜欢变换首饰的风格，但不变的是追求时尚，而且他们多会佩戴色彩明亮的首饰；性格内敛的人，通常佩戴风格比较固定，给人的印象也比较朴素，不喜欢张扬，能保持自己的独特风格；性格活泼的人，首饰也会随意，色彩缤纷，注重首饰搭配效果，也喜欢潮流饰品；性格孤僻的人，喜欢佩戴颜色深沉、款式传统、古典风格的首饰，一般不喜欢追逐流行元素。

2

你的性格是什么颜色？

心理学家认为，一个人喜欢的服装颜色是和他本身的性格有着直接关系的——服装的颜色是和一个人当时的心理活动有着密不可分的关联的。一个有经验的FBI特工，几乎一眼就可以透过花花绿绿的服装颜色洞穿一个人的内心世界，从而让犯罪嫌疑人于拥拥攘攘的人群中无以遁形。

喜欢穿蓝色或偏紫色服装的人。虽然这类人在表面上带给人们的感觉是一副温和的模样，但他们的自尊心都很强，而且说话一般都比较啰嗦，责任感和羞耻心都很差，做事喜欢按部就班，缺少果断的决断力和执行力。据FBI高级特工保尔·罗佳说，如果想要接近喜欢这种衣服颜色的人，就一定要在为人处事上做到有条不紊，并且投其所好。但不要在这种人面前说别人的坏话，因为这种人在一边听着你讲别人坏话的时候，他表面上会对你假惺惺的附和，心里却会偷偷地说你的坏话甚至是骂你。

喜欢穿黑色衣服的人。在心理学家看来，喜欢这种颜色的人善于在人前故弄玄虚，常常会刻意留给人一种高贵、神秘的错觉。在性格上，这类人做事不喜欢半途而废，对任何事物都想搞清楚弄明白。虽然表面看来他们是非常乐观的人，但很多时候他们的所作所为其实都是为了掩饰内心

的慌恐与不安。FBI 认为，如果与这类人周旋，首先要先了解他的短处，因为这类人大多信赖心都很强，而且不太擅长社交，给人的第一印象或许会是不好相处，但实际上他们的性格大多十分忠厚、宽容，并且很善良。FBI 高级特工保尔·罗佳在他的特工生涯中就曾遇到过很多这一类的犯罪嫌疑人。

喜欢的穿白色衣服的人。在心理学家眼里，虽然白色衬衣可以和任何颜色的衣服搭配，会给人一种表面上的亲切感，但是喜欢穿白色衬衣的人实际上却多是一些自负性格的人，他们对于自己喜欢从事的事业会努力去追求并力争实现，是一种典型的工作狂，也是不折不扣的现实主义者。FBI 认为，接近这一类人其实并不难，只要能够和他成为同事，最好是其下属，通过工作你可以轻松就获得自己想要得到的东西。而在 FBI 的女特工眼里，接近这类人还有更为简捷的办法，这种人虽然一般不大参与酒色话题与活动，好像一心只为工作，但其实他们通常是缺乏爱情的，只要稍稍运用几个爱情影片中的桥段，就能够轻易将他们捕获。

喜欢穿咖啡色衣服的人。对于 FBI 的女特工来说，遇到钟爱咖啡色衣服的人是一件十分头痛的事，因为这类人多数都很内向，不会轻易表露自己的情绪，总是把自己隐藏得很深，而且在生活和工作中遇到了什么挫折或有苦衷也从不向人坦言，因为他们总是喜欢将生活中光鲜的一面展示给别人。而最令 FBI 女特工头痛的是，虽然这种人属于外冷内热型的人，你却很难真正走进他们的内心世界，尤其是在情感上。FBI 女特工艾薇儿对此就深有感触，她曾经因为一件商业间谍案奉命前去接触一位受到间谍蒙蔽的工程师，恰好他就是这种对咖啡色十分偏爱的人，家里的所有家具也都是咖啡色的。艾薇儿运用美人计去接近他，但是一个月过去了，工程师依旧无动于衷，以致后来负责这起案件的 FBI 几乎都认为这个家伙可能是存在生理上的缺陷——因为艾薇儿的姿色十分出众。当 FBI 萌生换掉艾薇儿的想法时，这个家伙才抱着一束花呆呆地站到了艾薇儿的面前。直到后来艾薇儿才了解到，这位工程师并不是不喜欢她，只是在表达上缺乏主动，以致于给艾薇儿造成了一种呆头呆脑（工程师）的印象，更让 FBI 险些错失了良机，但最终艾薇儿还是顺利地完成了任务。

喜欢穿绿色衣服的人。对于 FBI 的所有特工来说，他们都很乐意与喜欢绿色衣服的人打交道。因为喜欢穿绿色衣服的人性格外向，对生活和工作的态度十分乐观，并且个性爽直，有强烈的道德感，给人一种谦虚平实的感觉。这种人很会克制自己，他们心地无私，不与人争强好胜，即便是自己并不喜欢的人也不会做出刻意疏远或排斥的行为。对于这类人，尤其是那些长得帅气的男性，FBI 极少会派女特工去执行任务，因为这类人身上的人格魅力极易感染他周围的人。

喜欢穿粉色衣服的人。针对喜欢粉色衣服的人而言，心理学家给出了这样的一种说法：这是一群喜欢做白日梦的人。因为这类人大多天真活泼，内心充满幻想，虽然他们外表大多给人性感、高贵、富有朝气的印象，其实这类人的内心都很单纯，而且具有强烈的逃避现实的性格缺陷。FBI 在遇到这类犯罪嫌疑人时，常常会利用他们身上这种明显的性格缺陷与天真单纯的个性来作为破案的切入点。

喜欢穿棕色衣服的人。FBI 认为，遇到倾向于棕色衣服的人时，一定要不断提醒自己提高警惕，尽管这些人的外表和处理事情时的态度会给人一种很强的信赖感。虽然他们个性耿直，说话做事看似有些拘谨，但还是一定要小心，因为这一类人自我价值观念都很强，他们内心往往存在着一

个强烈的意识：不要让外来因素的介入打乱自己的现状。在 FBI 的审讯过程中，具有这种性格的犯罪嫌疑人是最为顽固的，因为他们心里十分清楚人与人之间的利害关系。

喜欢穿紫色衣服的人。从感官上而言，热衷于穿紫色衣服的人大多会给人一种矫揉造作的感觉。虽然这类人性格内向，多愁善感，他们却能够很好地控制好内心的情绪，而且文化素养都较高，从事艺术工作者居多。虽然对于那些与自己不属同一工作领域或是不同档次的人或事，他们常常会表现出一种不屑一顾的态度，但 FBI 认为，无论作为犯罪嫌疑人也好，还是社会生活中的普通人也好，要接触他们其实并不困难，因为一个人身上的特点或个性越是鲜明，反而越是容易成为特洛伊木马的植入点。

3

手表款式代表的个人心理特征

在现代社会中，手表的功能已不再仅限于查看时间，人们佩戴手表更多的是看中它的装饰功能。而且，手表的款式以及功能特征，能在很大程度上反映出一个人对生活的态度。FBI 认为，一个人所佩戴的手表的功能和款式与他的性格有着密切的关系。通过观察一个人所佩戴的手表，就能从中推断出他具有怎样的心理特征。

喜欢佩戴新型电子表的人（新型电子表可以显示出不同地区的时间，这种表需要按下显示键才能显示出时间，如果不按，屏幕上什么都没有）往往与众不同，性格独立，不喜欢被人约束，喜欢自由自在的生活，而且会坚持按照自己的想法做事。这类人很难向他人表露自己的内心，所以几乎没有人可以了解他们。在他人眼里，他们具有神秘感，而且他们也很享受这种神秘感，喜欢给人捉摸不透的感觉。

喜欢佩戴古典手表的人，通常能高瞻远瞩，深谋远虑，会为了达到最后的目的而牺牲眼前的利益。心思细密，聪慧敏捷，思想境界很高，而且很成熟，能够看到事物的本质。他们性格包容，重情重义，能够与亲朋同甘共苦。这类人具有很强的意志力，从不向困难挫折低头，具有战胜困难

的耐心。他们举止优雅，喜欢追求浪漫的生活。他们不喜欢面对自己无法掌控的东西，与异性交往会努力维系稳定长久的感情。

喜欢佩戴没有数字的表的人，一般很善于表达，但是不喜欢将所有的事情解释得明明白白。对于他们来说，抽象的概念要比真实存在的事物要重很多。他们对自己的智慧充满自信，往往追求智力上的挑战，并喜欢益智游戏和具有思考力度的问题。面对那些让人头痛的问题，别人往往缴械投降，他们却对此兴致勃勃，愿意花上很长的时间去寻求解决之道，直至问题解决。

喜欢佩戴由设计师专门为自己特制的手表的人，往往很注重自己的外在形象，甚至会为了让别人对自己产生好感而去改变自己。他们会渲染一些事情来满足自己的表现欲，并吸引他人的目光。他们也喜欢将手表与服饰搭配，向他人宣示自己不凡的品味。他们常常想让别人觉得自己时间宝贵，从而避免他人的打扰，但事实上他们并非没有足够的时间去支配，这种刻意的声张很可能被他人认为是一种故作姿态。虽然他们很重视自己的形象，但他们低调的奢华也常常会被一些人认为是不懂时尚、不懂流行的一种表现。

喜欢佩戴上发条表的人，一般性格独立，任何事情都喜欢亲力亲为，喜欢做那些立刻就能看到成效的工作，很在乎那种通过自己劳动而取得的成就感。他们认为，只有付出努力的成功才是真正的成功，否则他们会觉得缺乏价值和意义。另外，他们也不喜欢过多得到他人的关心与帮助。

喜欢佩戴闹钟型手表的人，对自己要求严格，总是给自己很大的压力，让自己一刻也不会松懈。这类人虽然不是很保守，但是他们习惯按规矩办事，他们所取得的成功往往是他们通过详细的计划而实现的。这类人具有很强的责任心，勇于担当，也十分注重培养自己的这一方面的能力，因此具有一定的领导才能。这类人的日历表上往往排满了大大小小的事情，这就像他们的生活动力一样，否则他们很可能会不知所措。他们总会用直接有效的方式取得成功，所以总是将自己绷得很紧，但如果不懂得适时放松，可能会影响身心健康。

喜欢佩戴液晶显示屏手表的人，通常生活很节俭，懂得精打细算。他们思想简单，喜欢简捷地处理事情，对于抽象的事物没有丝毫概念。他们处事态度认真严谨，不会随便地对待任何事情。

还有一些人不喜欢佩戴手表，这类人大多有着独立的性格。他们十分痛恨被人掌控，只有自己决定好的事情才会去做。但是，由于过于独立，太注重自我，所以很多时候会受到他人的冷落。另外，他们的适应能力很强，能够随机应变地解决问题。

佩戴不同类型的手表反映出不同的性格特征。如果人们在生活中能够留意他人佩戴手表的款式，就会对对方有一个更准确或者全新的认识。FBI 在侦查案件时，会注意对方佩戴手表的样式，从而更全面地分析一个人的心理特征，他们也因此获得了更宝贵的经验和技巧，从而提升自己的职业能力。

4

一顶帽子传达出的真实内心

在 FBI 看来，帽子不仅仅可以御寒、遮阳，它还具有伪装自我的功能。FBI 特工在执行跟踪、观察等相关任务时，经常会遇到一些以帽遮面的犯罪嫌疑人。但在心理学家眼里，帽子还能够帮助一个人树立某种形象，让人们看到一种全新的有悖于其真实个性的形象。然而在 FBI 眼里，即便如此，一个人无论选择哪一种帽子作为装饰或是伪装工具，只要仔细观察，都能从中发现其真实的性格。这是因为，当一个人选择帽子的款式的时候，其实就已经向人们表白出了他特有的性格特征了。

研究表明，喜欢戴礼帽的人，在别人面前经常会表现出对传统的衷爱，他们总给人一种稳重、成熟而且颇有绅士风度的感觉。此外，FBI 也发现，这类人除了喜欢戴礼帽，还喜欢把自己的皮鞋擦得锃亮，哪怕天气再热，他们也从不穿丝袜，而会选择那些具有厚实感的袜子，并且从不穿凉鞋和拖鞋外出。虽然这类人表面会给人一种非常清高的印象，而且大多都自命不凡，自以为是个做大事的人才，但也正是这种自命不凡的个性让他们很容易就能将自己的缺点全都暴露出来。因而，无论是在社交中还是在审讯室中，这类人很容易就会成为 FBI 的“盘中餐”。

FBI 高级特工西蒙通过自己三十年的特工经历发现，喜欢选择鸭舌帽的人大多是那些上了年纪的中老年人，这主要是因为鸭舌帽常常会给人一种办事稳重、踏实的印象。不过，西蒙提醒说，如果看到一位年轻人戴上了鸭舌帽，那么就一定要留意他了，尤其是 FBI 在侦察行动中遇到这类年轻人，除非是他有什么特殊的嗜好（爱好戴鸭舌帽），否则一定会跟紧他。西蒙认为，这种人一般都不太喜欢那些虚华的东西，他们不会让一些细枝末节的东西影响大局。西蒙在担任 FBI 训练营教官时，曾反复告诫 FBI 新成员，与这类人周旋的时候要格外小心，尤其是一名犯罪嫌疑人。因为这种人做事往往很老练，在与他人的交往中，即便对方是一个毫无城府性格直率的人，他也总是会兜圈子，直到将对方搞得晕头转向，他还是不肯轻易表白出内心的真实意图。所以，在挑选 FBI 新成员时，FBI 总喜欢挑选具有这种性格的人。但西蒙也表示，具有这种性格的人其实也并不是无懈可击，因为这类人往往都很自负。高度自负的人表面上看来好像做什么都显得滴水不漏，其实只要从细节处着手，很快就能得到你想要得到的信息——做大事的人，很容易忽略小节。

心理学家认为，喜欢戴圆顶毡帽的人，给人的第一感觉就像是一位好好先生，对周围的所有事情好像都很热衷，但如果和他接触几次后会发现，这种人好像没有自己的主见，在与人交谈中总是在附和别人的观点。但在 FBI 眼中，这只是视觉上造成的一种错觉。对于一名 FBI 探员来说，遇到这类情况时他们反而会让自己变得更加冷静——具有这种性格的人从来都不会向外人表达自己的见解和观点，他们从不轻易去得罪一个哪怕是看起来毫不起眼的小人物。美国心理学家桑代克通过研究发现，这种人在本质上其实属于踏实肯干的类型，他们一生都会坚信：只有付出，才会有收获。

但在 FBI 看来，这其实也正是这类人的最大缺点。多年与犯罪嫌疑人周旋的 FBI 探员们发现，在这类人的思想意识里，虽然他们的性格很执着，并且痛恨那些不劳而获的人，但这种执着的性格往往会在无形之中出卖自己。

在 FBI 眼中，几乎所有戴旅游帽的人都是那种爱慕虚荣的人。因为除了装饰之外，旅游帽可以说毫无实用价值。但这些人之所以选择旅游帽，不是为了刻意装饰出某种气质或形象，就是企图以此来掩饰自身某个自以为有缺陷或是不理想的东西。FBI 的心理专家认为，这是由旅游帽的功能所决定的，当你在人群中看到一个戴旅游帽的人，你的第一反应就应该是：这是一个不诚实的人。通过从不同行业对具有这种倾向的人的抽查，FBI 再次证实了他们的结论。这类人大多善于伪装自我，所以，一般人所看到的这类人的外表基本都是他们经过修饰后的外表。这类人最大的缺点就是喜欢投机取巧，所以 FBI 对付具有这种性格特征的犯罪嫌疑人往往都会利用这一点，因为每一位喜欢或善于投机取巧的人内心都不同程度地存在着一定的侥幸心理，而侥幸与危险在 FBI 眼里就像是一对孪生兄弟。

FBI 心理专家认为，喜欢戴彩色帽子的人可以说是一种天生的社交家。他们天生就知道在什么样的场合选择什么样的服饰和佩戴什么样的帽子，这样才会很快融入到他所要接触的那个场合。这种人对流行的东西往往有着敏锐的目光，喜欢色彩鲜艳的东西，懂得如何快乐地去享受人生，喜欢走在时代潮流的最前沿，而且大多精力都很旺盛。在 FBI 看来，这种人的思想都很活跃，只要是在社交或公众场合，他们极少说错话办错事，而且很会恰如其分地把握好分寸。但这种人最大的缺点就是害怕寂寞，所以 FBI 特工在执行任务时，只要遇到这种性格的人，往往都会在他孤独寂寞的时候去寻求突破。

第十二章　化妆：

FBI 告诉你妆容下的真实面孔

1

不同的妆容打造出别样的精致俏佳人

化妆是人类修饰自己的技巧，它可以用来掩饰自己的缺陷并突显自己的优点，在他人面前展现自己美好的一面，给他人留下良好的印象。化妆不仅能塑造自己良好的外在形象，同时还能增加自己的自信心。妆容在一定程度上可以反映出一个人的性格特点。然而，无论人们如何妆饰自己，都无法通过妆容来掩饰自己的所有缺点。如果一个人一味地想掩饰自己的所有缺陷，可能会因此暴露自己真实的性格特征。FBI 探员就能够通过自身丰富的经验，从女人的妆容上分析出她们的性格特征。

喜欢化淡妆的女人，知性优雅，有内涵，通常被人称为“气质女人”。她们的心智十分成熟，不论是思想感情还是经济都具有很强的独立性，很少依赖他人。即使她们遇到麻烦，也会表现得沉着冷静，理智地分析目前的状况，理出问题的头绪，然后逐步解决问题。这类女人思维敏捷，处事干练，能有担当。她们会理智地面对生活的挫折，能够很好地把握自己的命运。这种女人的眼神很深沉，往往给人一种很冷漠的印象，其实这正体现了她们成熟的魅力。她们适应能力很强，而且会主动地去适应新的环境。她们敢闯敢拼，大多能够取得成功。她们内心往往存在秘密，终生都不会

向他人袒露，希望别人能够理解她们的难处。

与化淡妆的人相反的是，有些人无论是在工作中还是日常生活中，都喜欢相对较浓的妆容。这类女人一般性格外向，具有较强的表现欲。她们要强好胜，具有很强的掌控欲，但她们的强势常常让人感到压抑。这类女人不喜欢独处，更喜欢与朋友们相聚或者参加各种团体活动。高超的交际手段与风趣幽默的性格，常常让她们迅速成为焦点人物。这类人大多很自信，不喜欢别人反对自己的观点，总想与他人一较高低。这样女人的性格也是多变的，她们也扮演多种角色，能巧妙地将各种角色的优点集中于一身，能够将做妻子的贤惠、明理、妩媚与做母亲的奉献、宽容、明智结合在一起，而且无论是对爱人还是朋友都能做到肝胆相照，因此这种女人很受他人欢迎。

喜欢画异国色彩妆容的人，一般具有丰富的想象力，具有艺术天赋，而且自己也希望能够成为一个艺术家，具有完美主义思想。她们向往自由，希望过上轻松自在的生活。她们思想的独特，常常令人感到惊诧。

喜欢画怪妆的人，通常眼睛周围黑乎乎的，让人看不清眼睛；她们的嘴唇颜色时红时紫，而且唇形也时常变化，妆型很不自然。这类人并不期待给他人留下美丽的印象，或许她们只是将化妆作为一种宣泄的方式。她们一般拥有很强的叛逆心理，总是依照自己的意愿行事。她们对现实生活感到失望，经常做一些不符常规的事情来表示自己的反抗，但往往都以失败告终。

怀旧妆，这种妆容是指有些人将从小形成的妆容持续到成年甚至晚年。她们性格善良，很有亲和力，很有人缘，拥有很多推心置腹的朋友。其实，这种妆容是她们对过去的一种美好回忆，借此可以淡忘现实的烦恼。但是，她们并不会因此沉迷过去而遗弃现在与未来。她们往往很务实，很容易知足，会珍惜现在拥有的一切，然而这也使得她们失去很多享受的机会。

完美妆。这类人无论做什么事情都会尽量做到十分完美，是典型的完美主义者。她们为了实现自己的理想往往不惜付出巨大的代价。这类人会尽力让自己的妆容达到自己所追求的完美状态。她们不能忍受自己存在一点缺陷，总是不断地审视自己，企图掩饰自己的一切缺陷，但是有时却适得其反，给人一种很不舒服的感觉。

FBI 通过对上述各种妆容的女人的性格分析，在与她们打交道时，可以根据不同的性格去跟她们沟通，抓住她们性格的缺陷来逐一攻破。

2

口红的诱惑与陷阱

口红几乎是每一位现代女性都无法逃脱掉的诱惑，而在 FBI 心理专家眼里，女人涂抹口红来妆点自己的同时，也在不知不觉中将自己的性格完全暴露在了大庭广众之下。

在 FBI 眼中，那些偏爱橘红色口红的人大多都很自负。在她们眼里，世上根本就没有做不到的事情，所以她们做事都会力争去做到最好。再加上外向型的性格，她们很容易就会得到社会上方方面面的认可，从而获得一些帮助。对于 FBI 来说，这种性格的女人是联邦调查局招募特工的首要人选，因为这种性格的女人除了具有以上这些优点之外，她们还很有理智，能够很好地控制自我的情绪，绝不会因为某些情绪上的波动影响她们准确的判断力，而且她们的性格魅力很容易招来许多优秀男士的青睐，这在执行任务时往往会起到某种意想不到的作用。如果面对的是这样一名对手，你会感到十分棘手，即便是那些经验老道的 FBI 特工在面对这类对手时也会十分头痛，尤其是在没有掌握到她们任何犯罪的证据的时候，撬开这种类型的女人的嘴几乎就是痴人说梦。但 FBI 心理专家却认为，对于具有此种性格的女人来说，虽然她们在工作上会是一个很成功的人，在家庭中又是一位合格的好妻子、好母亲，看起来好像完美无缺，实际上这种完美本身就是一种缺陷，因为她们时时处处都力求所有的事达到最好。

那些喜欢粉红色口红的人，一般都有着细腻而温柔的情感。FBI 心理专家亚里娜认为，在她们身上可以看到几分孩子气。她们喜欢向男人撒娇，任性而富于幻想，内向的性格让她们总是给人一种诚实守规矩的印象，很少有人会特别留意到她们。这种性格的人往往很容易改变自己，一旦她们尝到了某种冒险的乐趣就会突然变得十分大胆，而平时她们又往往不会给人留下什么深刻的印象，所以总是会在突然之间让人震惊。FBI 高级特工费舍尔曾经破获过一起震惊全国的特大毒品制造案。由于该案案情重大，所以 FBI 领导层立刻派出了高级特工费舍尔和几名 FBI 特工前去调查此事。经过多方调查取证，最后 FBI 将目光锁定在了一名叫做米歇尔的女人身上。通过进一步的观察，费舍尔感觉到十分震惊，因为这个米歇尔看起来就像是一位纯真可爱的小女孩，她总是穿着一身浅颜色的衣服，嘴唇上涂着粉色的口红。不但舍费尔有点不敢相信，另外两名 FBI 特工也实在无法将这样一位看起来毫无心机、天真又烂漫的小女子与制造氯胺酮联系在一起随着调查的深入，FBI 终于掌握到了确凿的证据，于是，他们抓捕了米歇尔。在审讯中，当费舍尔向米歇尔问起她制造的东西是什么时，米歇尔竟然说是种工业上用的药品。直到费舍尔将全部事实告诉她，米歇尔才恍然大悟，原来自己这些天一直做的分解实验是在制造毒品氯胺酮。接下来，米歇尔就交待出了事情的经过，原来她是被一个男人骗来制造氯胺酮的，那个男人说做这种东西很好玩，然后米歇尔便来到了这里，而且在来到这家工厂的第三天那个男人就给了她很多钱。从米歇尔的经历可以看出，这种性格的人往往会成为被人利用的对象，因为她们的内心充满了太多的好奇，而

一旦有人为她们提供了某种令她们感到好玩的事情，她们立刻就会变成一个大胆的人。

心理学家认为，喜欢涂紫色口红的人大多都有极强的表现欲。她们喜欢以自我为中心，总是摆出一种清高的样子，给人一种好像很难接近的感觉，所以她们常常浓妆艳抹，无论从发型上还是衣着上都力争与众不同。实际上，她们的内心充满了热情，而且也很喜欢享受物质生活带来的乐趣。在 FBI 对犯罪嫌疑人的审讯中，联邦特工偶尔也会遇到此类性格的女人。对于这类人，FBI 的经验是：只要你不为其外表所表现出的现象所迷惑，她们其实是很好接触的，这是因为她们故意伪装出来的清高外表和她们火热的内心世界本来就是一对水火不相容的矛盾共生体。所以在很多时候，她们自己的内心本来就是充满了矛盾的。

在 FBI 看来，那些选择褐色口红的人往往都是自信心极强的女人。虽然她们一般待人都很亲切，但从来都不和谁去深交，因此她们很难有知心的朋友。不过，她们内心充满了智慧，具有前瞻性的眼光，并且对流行的事物很敏感，而对于金钱、爱情都能够冷静地对待，所以无论做什么事，她们都会肯花时间去研究和磨练自己。虽然她们一般都城府极深，不会轻易透露自己的心事，但她们却是一个博爱主义者，且崇尚自由。FBI 遇到这样的犯罪嫌疑人时，只要在思想和行动上让她们感觉到自己正在或是即将会受到自由上的约束，那么她们很快就会做出逃避或是挣扎的行动，从而将破绽暴露出来。

由此可见，FBI 只要根据女人的不同妆容去分析，就能得到他们想要的答案。

3

你的妆容是什么样式

对于妆容，尤其是女人的穿衣打扮，FBI 有着更为深入的研究和理解。虽然一个女人可以通过化妆轻而易举地将自己的内心世界隐藏起来，但她们中的一个人若是犯罪嫌疑人，那么即便妆化得再精妙，也决然逃不过 FBI 的眼睛。

那些喜欢化淡妆的人表面上看来会给人一种平平常常、与世无争的印象（实际上这也是她们的性格所致），因为她们不想过多地向外界去表现自己。美国行为心理学的创始人华生认为，喜欢化淡妆的女人通常都很聪慧，同从来不化妆的女人相比较，淡妆女人更容易取得事业上的成功。这是因为，从来不化妆的女人太现实了，为人处事总是喜欢一眼便看透事物的本质，所以她们不屑雕琢的本性有时候很难去迎合和适应一些场合。虽然她们内心都有着强烈的众生平等的理念，而且也不乏执着的追求与奋斗，但在 FBI 探员看来，从来不化妆的女人要比化淡妆的女人更加坚强些，这是因为她们早就一眼看透了整个事件的本质。

与上述情况刚好相反的是那些喜欢化浓妆的女人，化浓妆的女人自我表现欲望一般都很强。她们的思想往往很前卫，总是希望通过一些极端化

的行为方式去吸引他人的目光，而对一些在外人看来大胆到有些失常或过激的行为或举动，她们则经常会持一种无所谓的态度，这使得她们经常会遭遇到一些思想保守者的恶意攻击，但坦率、真诚和热情的本性却又让她们依然能够做到尊重他人。在与这一类性格的犯罪嫌疑人周旋时，FBI 探员会抓住她们本真的个性，故意漠视她们那种强烈的表现欲，迫使其使出浑身解数来展示自我，从而从其言行上寻找出破绽。

喜欢长时间化妆的女人和喜欢长时间保持同一种妆容的女人，通常都是完美主义的代表，无论做什么事，她们都希望能够达到尽善尽美。不同的是，前者为了达到自己的目的，往往不会在乎付出多大的代价；而后者则会充分利用她们所结交的朋友去实现自己的目标。FBI 女特工奥里多纳曾经就遇到过这样一名女犯罪嫌疑人。这名女犯罪嫌疑人名叫玛丽·琼斯，她因为帮助一名贩毒分子逃脱而被 FBI 抓获，但无论奥里多纳如何审问——甚至是后来 FBI 通过其它途径将那名毒犯抓住了，玛丽·琼斯依然不说一句话，不管 FBI 如何讯问，她总是拿着一把小梳子不停地梳着左边的头发。后来奥里多纳还是从那位被抓获的毒犯口里得知玛丽·琼斯在审讯中一言不发的原因。原来，以前他和玛丽·琼斯住得很近，玛丽·琼斯十三岁的时候，她母亲得了重病需要做手术，他知道后就从家里偷出了一笔钱给了玛丽·琼斯。虽然事情已过去了多年，如果不是 FBI 问起，他几乎早就忘记了，但玛丽·琼斯没忘记此事，所以当她得知他（毒贩）出事后便奋不顾身地帮他逃走了。尽管后来他还是被 FBI 找到了，但玛丽·琼斯依然为他保守着在她看来应该保守的秘密，以致女特工奥里多纳颇有感触地说：“我想，也许玛丽·琼斯到死也不会说出有关那名毒犯的任何事情。”

在 FBI 看来，任何时候都不忘记化妆的女人是内心高度不自信的表现。

通常，这种女人哪怕是开门到门口的信报箱里取一份报纸，也会稍稍打扮一下，因为这种女人心里总有一个永远也无法解开的结：千万不能让别人看到真实的自己。与之形成鲜明对比的是化妆时总是不停地强调某一个部位的女人，FBI 认为，这种女人往往都有着高度的自信心，她们在心里十分清楚自己的长处和短处，并且知道如何去弥补自己的不足。这种人很现实，为人处事上也非常果断，能够始终保持冷静、沉着的态度去处理各种事情。对于这一类性格的犯罪嫌疑人，FBI 往往会从她们的冷静入手，有意夸大她们自身存在的缺点，让她们在不间断地“避短”行为中将自己的犯罪事实暴露无遗。

面对形形色色的不同妆扮的女人，FBI 行为心理学专家史帝芬说：“其实一个女人无论选择如何打扮自己或选择怎样的一种方式来打扮自己都没有问题，问题在于你将这种形式和方式用在了自己的日常生活妆扮中，并形成了一种习惯，这时你的性格特征就通过你装扮自己的方式完全暴露了出来，因为这种日积而成的妆扮习惯其实就是你性格的直接体现。”

4

戴上眼镜，也关不住你心灵的窗

对 FBI 特工来说，眼镜是最为有效的修饰与伪装自我的道具，因为在修饰自己的同时，它还可以巧妙地将人的眼神遮蔽住。但也正是由于 FBI 十分注重于眼镜对人的修饰与伪装和隐藏作用，所以在对犯罪嫌疑人的观察中，眼镜反而在无形之中成了 FBI 识别犯罪嫌疑人内心世界与性格的有力标识。透过那一副副看似平淡无奇的眼镜，FBI 特工能够一眼窥视出一个人的真实性格。

FBI 心理专家帕娜朵认为，那些喜欢戴金丝边眼镜的人大多都是很注重自己仪表的人，尤其是在一些社交活动的公众场合或是朋友间的聚会上，他们必定会将自己打扮得十分光亮，因为他们希望自己能给人一种斯文、大方的感觉，如果再略带一些学者风范这就更好了。在帕娜朵眼里，这是一种突出的虚荣心，这些人往往是假教授、伪道学，表面上看起来斯斯文文，其实内心的见识十分浅薄。FBI 探员在审讯这种性格的犯罪嫌疑人时也发现，在和别人讨论问题的时候，尤其是人多的时候，这类人总是喜欢发表一些不同于一般人的见解，以此来彰显自己的与众不同。在形形色色的犯罪嫌疑人中，FBI 探员一旦发现了具有这种性格的犯罪嫌疑人，他们就会将审讯室变为“聊天屋”。在“聊天屋”里，FBI 会穿上便装，并且会刻意在探员的年龄以及性别的差异上做足文章——通常至少会选一名年轻貌美的女探员参加，然后再安排两到三位老、中、青的探员。探员们在“聊天屋”内和犯罪嫌疑人吃着糖果聊一些轻松的话题，当犯罪嫌疑人进入角色后，探员们就会将他们所怀疑的犯罪嫌疑人做的那件案子以道听途说的形式说出来，然后另几名探员再配以各自的分析。在这种轻松而又有女士的场合中，具有这种性格类型的犯罪嫌疑人往往都不会错过表现他们渊博见识的机会，他们会像学者一样轻轻推一推眼镜框，然后说出一番他们自以为是的独到认识。加上 FBI 探员话语的引诱，他们很容易在其内心表现欲的怂恿下忘记了自己和对方的身份，在忘我的聊天中不知不觉地钻入 FBI 精心设置的圈套中。

实验证明，喜欢选择黑胶边眼镜来戴的人多数是一些思想传统的人，他们总是会有意把自己装饰成一种成熟稳重的样子，并且对朋友们彬彬有礼又斯文大方，所以他们很容易得到朋友或同事们的接受。可 FBI 却认为，同这类人接触后，虽然你会发现他们内心都具有很远大的抱负，自以为是做大事的人，但在机会面前他们却常常会犹豫不决，因此很难把握住机会。据 FBI 资深探员迪克斯讲，在 FBI 所侦破的案件中，有很多喜欢戴黑胶边眼镜的女犯罪嫌疑人。事实表明，在看似严谨的外表背后，这种人实际上存在着很突出的性格缺陷——他们从思想到行动上都过于保守了，缺少了一定的冒险精神。只要是让他们感觉到有一定风险的事情，他们常常会表现出优柔寡断，从而错失良机。在面对这一类性格的犯罪嫌疑人时，FBI 经常会根据他们性格上的这种先天缺陷，从言语或是其肢体行为表现中去捕捉一些让他们感到担心、害怕、紧张的事情，然后再有意过分夸大做这

件事所需要承担的风险、后果。当犯罪嫌疑人内心的压力超过他们心理能够承受的底线时，自然就会不打自招地将一切犯罪行为供出来。

此外，还有一种眼镜，如果不仔细观察是很难发现的。面对戴这种眼镜的犯罪嫌疑人时，就要求每一位 FBI 特工要多方面、多角度地去了解犯罪嫌疑人——那就是喜欢佩戴隐形眼镜的人。FBI 心理专家认为，这类人特别注重自己的外貌，对各方面的细节都很在意，无论是穿着打扮还是衣帽颜色的搭配，他们都会尽量做到完美无缺。FBI 特工戴维斯根据自己多年执行特别行动的经验，一语道出了这类人的缺点："如果你想和喜欢戴隐形眼镜的人打道，尤其对方是一位漂亮的女士，那么你就要先弄明白她所从事的事业。首先要在事业上给予她一定的帮助，然后再摸清她的性格取向，力争以一个完美主义者的身份去和她成为志同道合的朋友。"

FBI 特工认为，还有一种类型的眼镜是绝不容忽视的，那就是在 2008 年大选时比美国总统奥巴马还年轻三岁的共和党副总统候选人佩林所喜欢的无框眼镜。这种看似不修边幅的无边眼镜不仅表面上给人一种一目了然的感觉，而且喜欢戴无边眼镜的人在为人处事上还往往都能够从大局出发。FBI 心理专家认为，喜欢戴这一种眼镜的人从来不会去计较一些细枝末节上的东西，不会因为一己私念而影响和破坏了整体上的布局。因而，对于具有这种特征的犯罪嫌疑人，FBI 特工从来都不敢有丝毫的疏忽大意。虽然这种类型的人能够做到从大局出发，能进能退，但他们同样有着比较明显的性格缺陷，那就是做事过于自负了一些，总认为自己时时处处都很理性，其实千算万算之下，总会有些什么是被他们所遗漏的。